生活技能 052

開始到義大利買名牌

作者・攝影◎吳靜雯・蔡逸辰

美食・精品・手工皮件・保養化妝品

太雅

■來自編輯室

說到搜刮名牌、大啖美食，數個歐洲國家的魅力其實都不在話下，但為什麼要獨鍾義大利、非義大利不可？初觸這本書時，難免心有所惑，然經過數個月的文字洗禮，對瞎拼實無興致的我竟然開始幻想著有一天一定要去義大利。買名牌嗎？不，應該是說在義大利街頭閒閒散步，感受什麼是設計、什麼是美學？

沒錯！美學來自生活的感受，義大利的風土民情正是設計大師心靈的沃土，蘊育出許多知名設計，從服飾、家具、生活用品到藝術創作，皆是義大利的文化點滴。有趣的是，義大利雖是購物勝地，百貨公司卻不多見，總要人一家逛過一家，大部分的逛街路線都得在陽光和空氣下進行；也許無法讓你享受到購物袋瞬間飽滿、清單一次到位的快感，但漫不經心閒晃也好、揮汗找店也罷，在街角和你親切招手的Prada、Dolce&Gabbanna等各大名牌、某個橋下或廣場上偶然發現的古董或家具什麼的市集，起床或傍晚隨意散個步就能拎個好幾袋的戰利品，這不正說明義大利購物的親切魅力！

當然，除了單一店鋪可以讓你享受邊採買邊賞景的散步樂趣，義大利郊區也有超大面積的Outlet可以填滿你的購物清單，超多的時尚品牌、超低的折扣，在歐元直直飆升的現在，更是想低價買名牌、輕鬆當貴婦的妳，絕不能錯過的地點！搭專用接駁車或公車飛奔抵達，男裝女裝高檔平價一次購足，包準你直呼真想留在義大利呢！

不過，義大利的名牌還不只是服飾！各地風土文化培育出的極致美食也是本書的介紹重點。在美食的世界裡，因為天、地、人的造化，難免有等級之差，不妨跟著我們一同前往食物的故鄉，深探美味的來由、製作的過程，包括依據嚴格的生產過程而分級的起司與酒、南北義口味與作法大不同的臘腸、火腿、蜜源及藥效繁多的蜂蜜、過去專為皇家貴族研發的自然成分藥妝品、名響國際的義大利咖啡等等，從這裡開始懂得判斷好貨色、瞭解相關的生產標章等等資訊，保證囊中物皆是「Made in Italy」！

義大利是設計大師的搖籃，是美食的天堂，隨本書遊走義大利名牌世界，啟動你的美感神經！

特約編輯　江孟娟

編輯室提醒

出發前，請記得利用書上提供的data再一次確認。

每一個城市都是有生命的，會隨著時間不斷成長，「改變」於是成為不可避免的常態，雖然本書的作者與編輯已經盡力，讓書中呈現最新最完整的資訊，但是，我們仍要提醒本書的讀者，必要的時候，請多利用書中的電話、網站，再次確認相關訊息。

資訊不代表對服務品質的背書。

本書作者所提供的飯店、餐廳、商店等等資訊，是作者個人經歷或採訪獲得的資訊，本書作者盡力介紹有特色與價值的旅遊資訊，但是過去有讀者因為店家或機構服務態度不佳，而產生對作者的誤解。敝社申明，「服務」是一種「人為」，作者無法為所有服務生或任何機構的職員背書他們的品行，甚或是費用與服務內容也會隨時間調動，所以，因時因地因人，可能會與作者的體會不同，這也是旅行的特質。請讀者培養電話確認與查詢細節的習慣，來保護自己的權益。

謝謝眾多讀者的來信。

過去太雅旅遊書透過非常多讀者的來信，得知更多的資訊，甚至幫忙修訂，非常感謝你們幫忙的熱心與愛好旅遊的熱情。歡迎讀者將你所知道的變動後訊息，提供給太雅旅行作家俱樂部taiya@morningstar.com.tw

歡迎加入太雅旅行作家俱樂部 http://taiya.morningstar.com.tw
投稿方式如下：
1.請附上個人履歷，若有個人網站、Blog、曾發表過的作品，歡迎提供，讓我們更認識你
2.關於旅行的構想提案
3.資料請mail：taiya@morningstar.com.tw 太雅出版社編輯部收

太雅旅行作家俱樂部

So Easy 052

開始到義大利買名牌(最新版)

作　　者　吳靜雯・蔡逸辰
攝　　影　吳靜雯・蔡逸辰

總 編 輯　張芳玲
書系主編　張焙宜・林淑媛
特約編輯　江孟娟
修訂編輯　邱律婷
封面設計　許志忠
美術設計　許志忠

太雅出版社
TEL：(02)2836-0755　FAX：(02)2831-8057
E-MAIL：taiya@morningstar.com.tw
郵政信箱：台北市郵政53-1291號信箱
太雅網址：http://taiya.morningstar.com.tw
購書網址：http://www.morningstar.com.tw

發 行 所　太雅出版有限公司
　　　　　台北市11148忠誠路一段30號7樓
　　　　　行政院新聞局局版台業字第五○○四號

承　　製　知己圖書股份有限公司 台中市407工業區30路1號
　　　　　TEL：(04)2358-1803

總 經 銷　知己圖書股份有限公司
　　　　　台北公司　台北市106羅斯福路二段95號4樓之3
　　　　　TEL：(02)2367-2044　FAX：(02)2363-5741
　　　　　台中公司　台中市407工業區30路1號
　　　　　TEL：(04)2359-5819　FAX：(04)2359-5493
　　　　　郵政劃撥　15060393
　　　　　戶　　名　知己圖書股份有限公司

廣告刊登　太雅廣告部
　　　　　TEL：(02)2836-0755　E-mail：taiya@morningstar.com.tw

三　　版　西元2012年12月01日
定　　價　250元
(本書如有破損或缺頁，請寄回本公司發行部更換，或撥讀者服務專線04-23595819)

ISBN　978-986-6107-80-1
Published by TAIYA Publishing Co.,Ltd.
Printed in Taiwan

編輯室：本書內容為作者實地採訪資料，書本發行
後，開放時間、服務內容、票價費用、商店餐廳營
業狀況等，均有變動的可能，建議讀者多利用書中
網址查詢最新的資訊，也歡迎實地旅行或居住的讀
者，不吝提供最新資訊，以幫助我們下一次的增
修。聯絡信箱：taiya@morningstar.com.tw

國家圖書館出版品預行編目資料

開始到義大利買名牌(最新版)／吳靜雯, 蔡逸辰作.
——三版，——臺北市：太雅, 2012.12
面；　公分.——(生活技能；52)
ISBN　978-986-6107-80-1 (平裝)

1.旅遊　2.時尚　3.購物指南　4.義大利

745.09　　　　　　　　　　　　　101021497

目錄 CONTENTS

How to use

如何使用本書‧‧‧‧‧‧‧‧‧‧‧‧‧‧‧‧‧‧‧‧‧‧

如何在最短時間裡逛遍購物街、Outlet，買到比別人便宜、嚮往已久且最正統的義大利貨，訣竅就在本書裡。書中篇章從概念了解、行前的購物準備、推薦前往城市，一直到品牌認識、特色商店與Outlet等等購物店資訊，一一安列其中。依照四大城市的街區分布地圖及45分鐘快速購簡圖，相信你很快就能享受挖寶之趣，傳授品牌logo與美食標章等級知識，保證囊中物皆是「Made in Italy」！

全書分爲10個單元

【7大理由教你愛在「義」國瘋購物】
德國有工藝、法國有美食……，全球這麼多國家，買名牌、啖美食為什麼非要到義大利呢？有7大理由告訴你義大利的時尚魅力究竟在何處。

【便宜伴手禮清單】
歐元高漲的現在，到義大利旅行想幫親友買些伴手禮，其實也不一定要花大錢才能買到令人驚喜的禮物。像是當地的市場及超級市場，就可以買到一些便宜又道地的小禮物。這裡為你列出清單，包你花得滿意、送得開心！

【義大利哪裡敗家最滿足？】
義大利每個城市都有令人為之瘋狂的購物街區。不過大部分人在義大利停留的時間都很有限，因此本書將義大利4座主要購物城的購物重點、主要購物街區整理出來，讓大家買得開心、無遺珠之憾地滿載而歸。

【認識義大利】
簡單介紹義大利的風土民情，包括氣候、旅遊旺季、匯率、交通、住宿、飲食等概況，讓你出發前先有個基本認識。

【購物教戰守則】
在義大利血拼之前，先了解一下義大利人的購物習慣，包括退稅手續、基本禮儀、折扣時期等等，不僅能買到便宜貨，單只是與當地人互動，就是旅途中最棒的回憶喔！

【時尚品牌紀事】
依服飾配件、著名化妝保養品、義大利內衣專櫃、家具來分類，簡短介紹義大利知名品牌，從中抓住購買要點與設計精髓。

【義大利必買的特產】
詳列義大利特產清單，並告訴你絕對「Made in Italy」的義大利特產該如何辨認、購買。

【四大購物名城攻略】
介紹羅馬、佛羅倫斯、米蘭及威尼斯這四大城市，皆附有購物區分布圖與45分鐘快速購簡圖，提供你快速有效率的血拼路線外，還詳細介紹特色商店、百貨公司、Outlet及購物市集。

【住宿好選擇】
提供分級制度、淡旺季、實用訂房網站、入宿旅館注意事項，並依四大城市介紹推薦旅館、飯店。

【購物用語】
單字發音、特殊連音與基本會話。

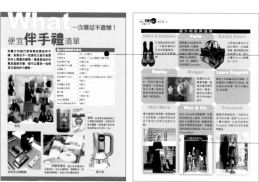

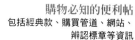

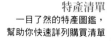

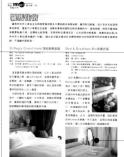

購物必知的便利帖
包括經典款、購買管道、網站、
辨認標章等資訊

1

品牌紀事清單
羅列產自義大利的服飾、藥妝等品牌，
提供簡單背景知識

2

特產清單
一目了然的特產圖鑑，
幫助你快速詳列購買清單

3

四大城市購物地圖
扼要點出各大城重要購物街區與
購物特色，及地標景點

4

45分鐘快速購簡圖
教你在短時間內一次購足的超好用Map

5

商店、百貨、市集資訊
推薦特色購物地點，
還有特色商品、刷卡等資訊

6

推薦餐廳
逛完後上哪補充體力，
四大城皆附有好吃料理資訊

7

住宿資訊
分級制度、訂房網站、入住注意事項，
還有四大城推薦旅館、飯店

8

■作者序

在這精品雲集的國度裡，相信許多人到義大利都是秉持著
「我買，故我在」的精神踏遍義大利大街小巷。在義大利時，
也常看到跟團的朋友，一有自由活動的時間，就直衝最近的
Gucci、Prada瞎拼，絕不放過一分一秒。購物，絕對是義大利
之旅中的重要行程。

而義大利的購物街區，也的確從不讓遊客們失望，從平民
精品Benetton、Sisley到頂級精品Gucci、Armani、Prada、
Valentino、Ferragamo等，林立在每個城市最熱鬧的購物街
區。每家店總是精心打扮著自己，相互競艷，他們想做的，可
不只是吸引旅人的目光，更是在「表・現・自・己」。每個品
牌都是絞盡腦汁的想讓自己的品牌精神與新設計訴求，能在這
小小的舞台中完整的傳達出來。因此，在義大利街頭逛街，可
不只是單純的購物，我更覺得是一種意識形態的洗禮與反思。

其實，義大利人所重視的不只是亮麗的外表而已，他們更重視日常生活的各層面，認真看待他們的所
用、所食。這也造就了Made in Italy就是優質品的代號。因此，全球最著名的家具品牌中，大部分來自於
義大利；而世界各國高級食品櫃中的優質食材，義大利製造也占了大部分。這些產品往往都是以好幾倍
的價錢在各地熱銷著，有機會拜訪義大利的你，又怎能空手而回呢！

這本書中除了介紹各種義大利品牌之外，我們還特地到
一些產地拜訪，想深入了解義大利特產到底優在哪裡、如何
挑選、又要到哪裡把這些優質品通通帶回家。讓我們在義大
利灑銀兩的同時，也能藉著輕鬆的購物行程，深入了解義大
利的文化面。另外，在義大利4大主要購物城市中，我們也
特別繪製出各城市的45分鐘快速購物地圖，為的就是讓跟
團的朋友，能在短短30～45分鐘的自由時間，快速且毫無
遺憾的將義大利帶回家。

誰說Shopping是膚淺、俗氣的，在義大利購物也能在你打開荷包的同時，將深度的義大利文化打包回家喔！

吳靜雯・蔡逸辰

■作者簡介

吳靜雯：喜歡一個人的旅行，住在人多吵雜的青年旅館，認識全球各地不安分的自助旅行者。靜雯曾在義大利待過兩年，細細的體驗義大利式的隨意歲月，也曾在英國待過一年半，感受到英倫之子的好心腸。每次回義大利，總有種回到老鄉般的溫暖，大曬燦爛的義大利艷陽、大啖怎麼也吃不厭的義大利美食……。出版作品：太雅個人旅行書系《英國》《越南》、世界主題書系《學義大利人過生活》《真愛義大利》《Traveller's曼谷泰享受》《我的青島私旅行》《泰北清邁・曼谷享受全攻略》、So Easy書系《開始在義大利自助旅行》《開始到義大利看藝術》《開始到義大利買名牌》《指指點點玩義大利》《開始在越南自助旅行》、活頁旅行書《巴塞隆納》等。

蔡逸辰：3歲全家移民到翡冷翠，母語是台語與義大利文的逸辰，在佛羅倫斯完成醫學院的學位後，目前在義大利從醫(偶爾也會客串到北歐當冰島醫生)。不過西醫雖然是逸辰的主修，但她卻獨鍾有機、歐洲草藥等自然療法。出版作品：世界主題書系《學義大利人過生活》。

Why

就是要Made in Italy！

7大理由
教你愛在「義」國
瘋購物

全球各地這麼多地方，為什麼非要到義大利購物、到各美食產地朝聖呢？因為義大利是：

1

講究美食誰能比

　　小小的一瓶橄欖油，都是經由驗證師一次又一次的嚴格把關；香醇的一瓶酒醋，是遵照古法，經過幾十年的時間慢慢製成。起司、葡萄酒、蜂蜜、咖啡……義大利對美食的講究，已是到了令人咋舌的地步。因此在這美食王國，不但有嘗不完的佳餚，還有買不完的美食極品。建議你一次通通帶回家，才不會回國後每到用餐時間，就有數不盡的遺憾。

2

不設計毋寧死的美學執著

　　隨著時代的變遷，讓新一代的族群開始喊出「不設計不生活」的口號。義大利從20世紀就一直承繼著先人的美學生活，不斷推出令人驚豔的新設計概念，將各種設計轉化到生活上。就像Alessi的豆苗馬桶刷，這小小的家用品，卻驚奇的為居家小空間注入一股幽默與生活品味。而在義大利，從現代的米蘭城到古老的羅馬城，從新興的Viceversa設計品牌到百年老紙店Fabriano，都不斷地推陳出新，從古老的美學中，創造出新一代的設計精品。

3

精品時尚王國

　　追求品質的Salvatore Ferragamo、高雅時尚的Giorgio Armani、極簡前衛的Prada、性感之至的Valentino，這如數家珍的知名品牌，可都是Made in Italy！想要一套美麗的衣裳、一只車工細緻的包包，義大利當然是首推之地。這裡的商品不但齊全、選擇多，外國遊客還可享退稅優惠，如巧遇打折季，那更是折扣再折扣；此外，義大利境內如雨後春筍般出現的Outlet，有許多5折以下的商品等著你來選購！

4 頂級的手工藝品夢幻地

即使是21世紀的現今，全球各地的精品中，仍有許多品牌還得靠著義大利工匠師的手藝，維持各家品牌的品質。義大利手工藝匠對品質的高標準，早是精品中的精品，臻至完美之境。一只零錢包，或是男人夢寐以求的一雙手工鞋，識貨的，怎麼會不選擇義大利出品的頂級手工藝品？

5 血拼不再是女人的特權

義大利人天生愛Shopping，而且是不論男女老少。有次和台灣朋友一起到義大利逛Outlet，朋友直道義大利和其他地區很不一樣，一般購物商場都是女裝店居多，不過這裡的男裝店數量，和女裝店不相上下。由此可見，義大利這購物天堂，可不專屬於女性朋友，就連男性朋友都可盡情享受難得的購物樂趣(童裝當然也是不可少的部分)。

6 地區特產挖寶挖不完

義大利小村莊，無論是隱於山裡多小的村莊，基本上都還是會有一家咖啡館、雜貨店、書報店、肉店和小餐館，這些可說是組成一座村莊的必要條件。即使是一家看起來毫不起眼的小店，都有我們可以挖寶的東西。就以雜貨店來講，裡面可能就有實用的廚具、生活雜貨(最起碼都會有摩卡壺)。而這小村莊雜貨店所賣的酒，往往就是該區最好的酒。此外，義大利各區壁壘分明，每個地區都有自己的一套美感、家傳食譜，因此每區的特產都各有各的個性與風味。所以，在義大利，可說是無處不Shopping啊(這樣才不會悶壞好動的義大利人了)！

7 什麼都能買，什麼都不奇怪

在義大利的Outlet中，廚具用品店也是重點之一。而各大城鎮的主要購物街道，居家用品店更是不能少。因此，我們可以說義大利購物，可是樣樣俱全，從頭到腳、從裡到外，都不放過喔！而且，義大利在廚具及家用品的設計與品質，總是讓許多到義大利旅遊的朋友，鏗鏗鏘鏘帶上鍋碗瓢盆回家去。

What 一次購足不遺憾！
便宜伴手禮清單

到義大利旅行想幫親友買些伴手禮，其實也不一定要花大錢才能買到令人驚喜的禮物。像是當地的市集及超級市場，就可以買到一些便宜又道地的小禮物。

義大利購物價位參考

名牌皮夾	150～200歐元
名牌包包	450歐元，Outlet價格150歐元起
有品牌的外套	150歐元起
有品牌的牛仔褲	120歐元，Outlet價格約100歐元
名牌鞋子	100歐元起
有品牌的太陽眼鏡	150歐元
有品牌的T-Shirt	30～40歐元(ZARA跟H&M約10歐元)
襯衫	75歐元
市場攤位皮帶	10歐元
有品牌的皮帶	60歐元
摩卡壺	17～21歐元
咖啡機	149歐元起
Alessi開酒器	29歐元
Alessi清宮娃娃系列	16歐元

P.95 包包

P.92

咖啡：許多著名咖啡館有自己調配的咖啡粉，或者可到超市購買，較普遍可見的咖啡品牌為LAVAZZA、illy。

皮夾及太陽眼鏡

P.88 有機保養品：義大利有機商品品質很好，也比台灣便宜、種類較多，較普遍的蕾莉歐，在義大利的價格便宜。

P.94 摩卡壺

便宜伴手禮哪裡買？

義大利境內最常見的超市有Esselunga、inCoop、Conad、PAM、Standa等。一般在住宅區都會有一家超市，大型超市則位於比較市郊的區域。此外，義大利境內還有很多食品雜貨店(Alimentare)，販售各種當地食品，像是臘肉、起司、麵條、調味料等當地人的日常生活食品及用品。有些較精緻的雜貨店所賣的食品，都是店家精挑細選的，比超級市場賣的品質還要好很多。

P.56 **葡萄酒**：義大利葡萄酒算是日常用品，品質佳、價格平實。

檸檬酒：南義盛產檸檬，並製成香醇美味的檸檬酒。

P.53 **陳年酒醋**：陳年好酒醋在義大利便宜很多，是健康又美味的伴手禮。

P.92 **巧克力**：都靈的榛果巧克力、Amedei頂級巧克力及Perugina的Baci巧克力。

榛果醬：義大利小朋友最愛的榛果醬(Nutella)，帶回來送小朋友最適合了。

咖啡杯組 P.76

P.86 **當地紀念品**

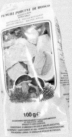

乾石蕈菇

乾辣椒及乾番茄

P.66 **起司**

乾貨：義大利有許多優質的乾貨，像是乾松露、番茄、辣椒等，可帶回國料理。

義大利麵醬

橄欖油

蕾絲

P.68 蜂蜜

風景明信片

鑰匙圈

童裝：許多平價品牌所推出的童裝質料很好，有些設計還散發著歐洲貴族氣息。

鞋子

生活雜貨：義大利設計是全球數一數二的，有許多實用又可愛的生活雜貨，Alessi是其中最著名的品牌。

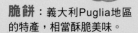
太陽眼鏡

脆餅：義大利Puglia地區的特產，相當酥脆美味。

累死都要背回家……

- ●**醃漬鯷魚罐**：適合與黑橄欖、酸豆、番茄做義大利麵。

- ●**摩卡咖啡壺**：直接放在瓦斯爐上就可在家方便煮咖啡。Bialetti是最經典的摩卡壺。另還有拿波里式的雙柄咖啡壺。

- ●**有機茶包**：義大利的有機產品(標有Biologico或Organico)相當優質，尤其推薦茴香菊花茶包。

- ●**蜂蜜**：各種不同花的蜂蜜，都是養蜂人辛苦帶著蜜蜂到處採花所收集而來的蜜。

- ●**葡萄酒醋**：頂級葡萄酒醋，當然要買瓶回國健康一下。

- ●**帕拿瑪起司**：義大利最純濃的老起司塊。

- ●**松露起司**：加入香郁松露的起司。

- ●**松露醬**：帶回國後抹在烤麵包上吃，最適合配上一杯紅酒。

- ●**葡萄酒**：義大利各省份都有好酒，尤其是Chianti紅酒、Piemonte區的Barolo紅酒及Asti氣泡酒、威尼斯地區Prosecco氣泡酒等，最近西西里島酒也越來越熱門。

- ●**illy或LAVAZZA咖啡**：超市就可平價買到優質咖啡粉及咖啡豆。

- ●**Alessi雜貨及手表**：知名設計品牌Alessi有許多好用又好看的雜貨及名家設計的手表。

- ●**皮件**：零錢包、皮夾。

- ●**咖啡杯**：義大利有許多可愛的咖啡杯。

- ●**威尼斯面具**：大的面具較貴，也可買小面具紀念就好。

Where

哪裡**敗家**最滿足

帶你走訪義大利四大購物城

貝爾加摩
Bergamo ●

米蘭 Milano ●

● 都靈 Torino

五鄉地
Cinque Terre ●

地域分明的義大利，每個城市都鮮明的展現各地的購物特色。

米蘭

米蘭這時尚之都，街上隨手可及的設計精品、手工藝品，全球買手趨之若鶩。而集中的購物街區，更是讓人輕鬆享受購物趣。

購買重點：時尚精品、家具、現代設計品
著名精品街區：Via Monte Napoleone

五鄉地

五鄉地國家公園為鼓勵當地農民繼續耕作，收購當地農產品，製成高品質的食品及保養品統一銷售，增加農民收入。

購買重點：鯷魚義大利麵醬、羅勒義大利麵、蜂蜜、天然保養品、白酒及Sciacchetra'餐後甜酒

都靈

以榛果巧克力聞名，另也是號稱食品界博物館的「Eataly超市」發源地，可買到各種頂級特產。

購買重點：Gianduiotti榛果巧克力
著名精品街區：Via Roma、Via Garibaldi

薩丁尼亞島
Sardegna

羅馬

這永恆之都恆藏著令人挖不完的寶藏，無論是古董、古玩，還是羅馬人那大剌剌的設計品，都令人叫絕。全球精品進駐羅馬古城，因此這裡的商品可說是涵括古今中外。

購買重點：古董、雕刻
著名精品街區：Via Condotti及Via Babuino

Where

愛逛街的義大利人，很自然地讓每個城市都有個令人為之瘋狂的購物街區(相信我，即使是小小城市，都可以找到商品集中的購物街道，至少也都還有Benetton之類的商店)。不過大部分遊客在義大利停留的時間都很有限，因此本書將義大利幾座主要城市的購物重點、主要購物街區整理出來，讓大家買得開心、買得無遺珠之憾地滿載而歸。

奢華、貴氣的威尼斯，自古就是各地舶來品的聚集地，而威尼斯Murano的玻璃藝術、Burano的蕾絲藝品，全球首屈一指。此外，每年因應威尼斯嘉年華會而創造出來的各種面具，更是令人神迷。

購買重點：玻璃製品、面具、Burano蕾絲、北義白葡萄酒、Prosecco氣泡酒、Friuli的Grappa蒸餾酒
著名精品街區：Calle Larga de L'ascension及Salizader S. Moise

威尼斯

威尼斯
Venezia

維諾納
Verona

義大利
Italia

— 比薩 Pisa

● 佛羅倫斯(翡冷翠) Firenze

● 奇揚地 Chianti
● 西耶那 Siena

● 羅馬 Roma

拿坡里 Napoli
龐貝 Pompei ● 阿瑪菲 Amalfi
卡布里島 Capri 蘇連多 Sorrento

雖然這是義大利的藝術重鎮，但是除了知名精品一樣不少之外，還有許多以當地知名藝術品製作的精美紀念品，此外，佛羅倫斯的皮製品及托斯卡尼的優質食品，更是名聞天下。

購買重點：藝術品及皮製品、Chianti葡萄酒、橄欖油、臘腸、Arazzi毯織掛布
著名精品街區：Via de' Tornabuoni及Via Strozzi

佛羅倫斯

南義(羅馬以南)的手工藝品相當值得購買，像是Puglia地區的陶瓷品，有別於托斯卡尼，感覺較為簡單、樸實。卡布里島採用新鮮花草調配的香水也相當有名氣。Sorrento一帶的檸檬酒、檸檬香皂、乾番茄，西西里島的海鹽、鯷魚都是上等食材。

南義

巴勒摩
Palermo

西西里島
Sicilia

購買重點：Puglia地區的陶瓷品、卡布里島的香水、蘇連多(Sorrento)的檸檬酒、檸檬香皂、乾番茄、以及西西里島的海鹽、鯷魚、Modena巧克力及薩丁尼亞的鮪魚卵。
著名精品街區：拿坡里市區Umberto II走廊、卡布里島市中心

Let's Go

義大利是個什麼樣的國家?

認識義大利

義大利屬於狹長型國家,因此從南到北的溫差約10度左右,各地民情也不盡相同,中北義城市較為整潔,南義則較混亂,但南部人也較單純、熱情。此外,南義的休息時間與步調也不同,有種一國兩制的感覺。經濟發展主要在羅馬以北的城市。

義大利小檔案

認識義大利

▶ 地理

　　義大利，應該是世界地圖中最容易辨認出來的國家，優雅的長馬靴一腳踢著落在地中海上的西西里島，南望非洲，東側隔著亞德里亞海望向中歐，西側則有義大利最大島薩丁尼亞島，西北接法國，北鄰瑞士、奧地利、斯洛維尼亞。

　　義大利北部，以米蘭為首，西北較著名的都市為都靈(Torino)、熱那亞(Genova)、東北為威尼斯、維諾納(Verona)，中部則以佛羅倫斯(Firenze)為首，另有波隆納(Bologna)、比薩(Pisa)、西耶納(Siena)、佩魯吉亞(Perugia)；再往南則為首都羅馬，而羅馬以南泛稱南義，包括拿坡里(Napoli)、蘇連多(Sorrento)、龐貝(Pompeii)，以及最南的離島西西里(Sicilia)。

都靈(Torino)
米蘭(Milano)
維諾納(Verona)
威尼斯(Venezia)
熱那亞(Genova)
波隆納(Bologna)
比薩(Pisa)
佛羅倫斯(Firenze)
西耶納(Siena)
佩魯吉亞(Perugia)
羅馬(Roma)
薩丁尼亞島(Sardegna)
拿坡里(Napoli)
龐貝(Pompeii)
蘇連多(Sorrento)
西西里島(Sicilia)

首都：羅馬
面積：約30萬平方公里，是台灣的8倍大
人口：約5千9百萬人
語言：義大利語
宗教：87%的人信仰天主教
貨幣：歐元

▶ 歷史

　　義大利最早的文明可追溯到西元前900年，那時中部地區已有伊特魯立亞人(Etusca)，接著一直到公元前3世紀才由羅馬人統一義大利半島。

　　羅馬帝國衰落之後，北方蠻族入侵，讓義大利在接下來的150年間都處於無政府狀態。北部的威尼斯、米蘭，中部的佛羅倫斯及西耶納等城市各自成立獨立城邦，不過也由於14～18世紀期間，這些城邦的成功發展，才造就了義大利的貿易與藝術文化蓬勃發展。之後又曾受其他歐洲國家統治，一直到19世紀民族主義席捲歐洲，義大利人才開始如火如荼的展開統一運動，1861年正式統一，並以羅馬為首都。

▶ 政治經濟

　　義大利一直到1861年才統一，1948年成立共和體制。國家元首為大總統，大總統之下則由首相及內閣掌理行政事務。7年一期的內閣總理通常是由眾議院多數黨領袖擔任，而眾議院(Camera dei Deputati)和參議院(Senato della Repubblica)的參議員任期都是5年，以比例代表制由人民投票選出。

　　義大利全國分為20區，每一區都有獨立的自治權。北部是義大利的工商業中心，以米蘭、都靈與熱那亞為主要城市，波河平原是農業重地。羅馬以南即進入南義，南義經濟狀況較差，南北經濟差異懸殊。

▶語言

官方語言為義大利文，觀光客較多的城市，店員大都能以基本英文溝通，但小城市會說英文的人比較少，最好攜帶標示義大利文的旅遊書，再不然就用萬國通用的肢體語言，比手畫腳表達你的意思，或跟著前一位顧客買同樣的東西、跟隔壁桌客人點一樣的餐飲。

▶時差

夏令時間：3月的最後一個週日～10月的最後一個週日，台灣時間減6小時為義大利時間。

冬令時間：10月最後一個週日～3月最後一個週六，台灣時間減7小時為義大利時間。

時差換算舉例

台灣時間	義大利時間
09:00	夏季 03:00 / 冬季 02:00
12:00	夏季 06:00 / 冬季 05:00
19:00	夏季 13:00 / 冬季 12:00

▶氣候

義大利四季分明，春秋兩季容易下雨，早晚溫差大，需攜帶薄外套及圍巾。夏季相當炎熱，南義可高達35～42度，要注意防曬。冬季時中北義城市在聖誕節過後到2月較可能下雪，室內都有暖氣，外出要穿厚外套、帽子、手套、圍巾。8月許多義大利人都放大假，是旅遊旺季；5～6月及9～10月氣候較舒爽，適合到義大利旅遊。可先上網查詢：www.tempoitalia.it。

▶用電

義大利電壓為200伏特，2或3孔細圓孔插頭。一般3C用品的電壓為萬國通用電壓，只需攜帶轉接頭或在義大利超市、電器行購買即可。

當地插頭較細，與德國規格不同　轉接插頭

▶航程

由台灣飛往義大利的航線大都要在曼谷或香港等地轉機，航程約14～18小時。華航、義航(與華航聯營)、國泰、泰航、及一些歐洲航空公司都有往義大利的航線。淡季機票較為便宜，網路上常推出優惠票。有些旅行社也會推出機票＋酒店＋火車票的套票。若是由歐洲境內飛到義大利或往返南北義，可善用廉價航空提早訂票，有時可買到20歐元的機票。航線最多的航空為Ryanair及EasyJet。

主要城市氣候比較表

城市	春季(4～6月) 溫度 降雨量	夏季(7～9月) 溫度 降雨量	秋季(10～12月) 溫度 降雨量	冬季(1～3月) 溫度 降雨量
米蘭	18℃ / 96mm	22℃ / 74mm	8℃ / 108mm	5℃ / 60mm
威尼斯	17℃ / 70mm	21℃ / 60mm	10℃ / 77mm	5℃ / 48mm
佛羅倫斯	17℃ / 68mm	23℃ / 64mm	11℃ / 97mm	8℃ / 74mm
羅馬	18℃ / 45mm	24℃ / 33mm	13℃ / 107mm	9℃ / 63mm

認識義大利

▶ 簽證

自2011年起，持台灣護照即可免簽證前往義大利及所有加入歐盟的申根國家做短期觀光，最長可停留90天。但非短期觀光者，例如學生、長期居留或長期商務旅行者，仍須到駐台北的義大利經貿辦事處辦理簽證。

義大利經貿辦事處
地址：110台北市基隆路一段333號1808室國貿大樓
電話：(02)2345-0320　網址：www.italy.org.tw

▶ 旅遊旺季

旺季為4月初復活節假期(尤其是梵蒂岡城)、7～8月底、12月聖誕節～1月新年過年假期。這些期間的郊區旅館為旺季價格，城區則為平日價格(米蘭的旺季較特殊，依商展日期而定)。

出發購物要注意的月份

1.8月購物太冷清：8月份許多店家休息放大假去了，還好現在市中心的商店還會營業。

2.寒暑假血拼折扣大滿足：如果想在季末出清撿便宜的話，可選在1月中～2月中，或7月初～8月中前往義大利。現在折扣幾乎是全國統一開跑。7月底尺寸就較少了，7月初～7月中是最佳的搶購時間。(關於折扣的詳細資訊請參見P.29)

▶ 郵寄

義大利郵局標誌為「PT」(www.poste.it)，重要信件或包裹可前往郵局以掛號(Racomandata)或快捷(Posta Prioritaria)寄出，國際信約4～8天抵達。

郵票可直接在「Tabacchi」招牌下標有「Valori Bollati」字樣的菸酒店購買。寄到台灣的明信片郵資為1.6歐元。大部分美術館、博物館的紀念品店售有明信片及郵票。

如何寄包裹

義大利的郵務比較不靈光，重要物品最好以掛號郵寄。掛號信0.62歐元，1公斤以內掛號包裹寄到台灣約9.30歐元，2公斤掛號包裹約18.59歐元，但一些書籍或衣服可裝進A4以下的信封袋者，以小包裹寄，費用則較低，約2.58～6.71歐元。寄包裹的方式如下：

Step 1
包裹包裝妥當
事先將物品用箱子裝好，並用膠布黏好。

Step 2
填寫郵寄表單
先拿取郵局內的包裹郵寄單，將地址及品項填寫清楚。

Step 3
抽取號碼牌
抽取號碼牌，排隊等候。

Step 4
窗口寄出
入內等候叫號，到窗口郵寄包裹。

▶ 營業時間

一般商店：週一～六10:00～13:30(中午休息約2～3小時)，下午15:30～19:30；週日及週一早上，除市區較多觀光客的地方外，大部分都休息。

傳統雜貨店：冬季週三下午休息，夏季則是週六下午休息。

銀行：週一～週五08:30～13:30、14:30～16:30，週六及週日休息。

▶ 生病意外

● **生病**：小病可到藥局，向藥劑師敘述病症，即可購買一些小藥品；急症可打電話叫救護車，或詢問旅館人員，如何到最近的醫院掛急診。重要觀光景點附近，會有救護車待命。請注意：在國外就診，記得請醫生開立證明，回國後，全民健保可給付海外診療醫藥費。

● **發生意外**：台灣駐當地辦事處(請參見P.25「旅遊諮詢服務」)，如同台灣人在國外的家，如遇意外事件，都可請辦事處的人幫忙。此外，出國前請先記下保險公司及信用卡的海外急難救助電話。也可撥打外交部設立的旅外國人急難救助全球免付費電話：00-800-0885-0885。

▶ 廁所

一般百貨公司或大型超市均設有廁所，若到咖啡館喝咖啡，也可保握機會借廁所。觀光景點及火車站也都設有廁所，約為0.5～1歐元。

▶ 貨幣

現在義大利已經全面使用歐元，信用卡也普遍可用。出國前最好先換一些小鈔在身邊。如果不想帶太多現金者，也可辦理國際提領功能，用國內金融卡在國外的提款機提領歐元使用。

義大利歐元的硬幣(Monete)面額分為2元、1元、50分、20分、10分、5分、2分、1分；鈔票(Banconote)則分為5元、10元、20元、50元、100元、200元、500元。

● **匯率**：1歐元＝約40元新台幣(匯率時有變動，以最新匯率公告為準)。

● **信用卡**：一般餐廳、旅館、商店都收信用卡付費(有些民宿不收信用卡，請事先詢問清楚)。現在法律規定，使用信用卡要出示身分證明，因此有些店員會要求遊客出示護照。

● **ATM自動提款機**：街上隨處可見，出國前可先開通國際提款功能，並詢問手續費計算方式。如果提款機上貼有任何一個提款卡背面的標誌，代表你的銀行提款卡可以在這台機器上提領存在國內帳戶內的存款或預借現金。

● **匯兌處(Cambio/Change)**：機場、火車站及各大景點附近都可找到，有些匯率較好的，可能手續費較高，務必事先詢問清楚。

匯兌之前要注意，並問清楚費率及手續費

認識義大利

▶通訊

台灣帶過去的手機可以直接漫遊，旅遊時間較長者也可以購買當地門號。如要省錢打國際電話，可以到當地或在國內購買國際電話卡，依照卡片背面的指示使用公共電話或用旅館電話撥打免付費接通電話，接著輸入密碼及想要撥打的國際電話號碼。

菸酒店招牌下面為義大利各家電訊公司商標，表示這裡售有這幾家公司的加值卡

公共電話

義大利公共電話為橘紅色造型，在車站、機場、重要觀光地及街口都可看到。有些接受投幣，大部分為插卡式電話，卡片可在報攤或Tabacchi購買(至少5歐元)，使用前須先將卡片一角折掉才能插入公共電話使用。

手機

台灣手機可在義大利漫遊，系統相同。也可持護照到各家公司的直營店或通訊行購買當地電話公司的SIM卡，目前有Tim(類似中華電信)、Vodaphone、Tre，及最便宜的inWind電信公司，購買門號約10歐元，之後可在門市、超市、或Tabacchi菸酒店購買，最低加值額為5歐元。

從台灣打電話到義大利

可打中華電信的國際冠碼「002」、「009」、「012」或其他家電信公司的國際冠碼，接著撥打受話方國碼、區域碼(義大利所有區域號碼都不去零)。

打法	國際冠碼	國碼	區域號碼	電話號碼
打到市內電話	002或009或其他電信公司國際冠碼	39	02(米蘭)	xxxxxxx
打到手機	002或009或其他電信公司國際冠碼	39	(無，手機無區域號碼)	33xxxxxxxx

從義大利打電話到台灣

最直接的方法是用台灣帶過去的手機，使用國際漫遊直接撥打電話回台灣。出國前須先申請開通國際漫遊及國際直撥功能，最好關掉語音信箱功能(一但進入語音信箱即開始計算漫遊費用)，須負擔義大利到台灣，及台灣到通話方這兩段通話費。

或者出國之前在便利商店或機場購買「國際預付卡」，按照卡片上的指示撥打，輸入卡片上的密碼即可撥打電話到世界各地。

打法	國際冠碼	國碼	區域號碼	電話號碼
打到市內電話	00	886	2(台北或其他區域碼)	xxxxxxxx
打到手機電話	00	886	無 (手機沒有區域碼)	9xxxxxxxx (要去零)

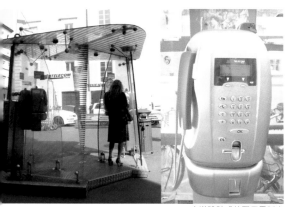

充滿設計感的羅馬電話亭

▶交通

　　義大利長途巴士及火車網完善，可善加利用。會開車者也可租車，但大部分為手排車，出國前最好先適應手排車的駕駛方式。

● **公車**：市區跟郊區公車體系不同。市區至少會有公車系統，大一點的城市，像是米蘭與羅馬，另外還有電車及地鐵。同一張票在90分鐘或100分鐘內可以無限次搭乘公車與電車，但地鐵只限搭1次。前往郊區的巴士站大部分都設在火車站附近。有些長途巴士可以直接在巴士上向司機購買，有些則須在售票處或者巴士站附近的報攤或Tabacchi(菸酒店)購票。

● **火車**：系統完整，相當便利，以托斯卡尼地區為例，Pisa、Siena、Lucca都有火車前往。通常Intercity以下的車種較會誤點，高速火車很準時，若誤點超過25分鐘以上，可退50%的費用。Italo是最新的私鐵火車，車廂有無線上網及免費電影設備，座位也較為寬敞。像是羅馬到西西里島這樣的長途旅程，可多利用夜車節省住宿費，提早上官網預訂可買到超優惠票。

義大利快速火車

高速火車上設有充電插頭

INFORMATION
義大利國鐵票

　　長途旅行者建議購買義大利國鐵票或歐洲國鐵票，這種票必須在義大利境外購買，可在國內的總代理(飛達旅行社)或其他旅行社購買。

飛達旅行社
地址：台北市光復南路102號7樓(華視光復大樓)
電話：(02) 8771-5599
網址：www.gofederal.com.tw

● **航空**：往返米蘭及拿坡里以南的城市，建議可一個月前先上網找便宜機票，有時會比火車便宜，且節省交通時間。

● **租車**：多人共同租車比較划算，否則油費也不便宜。或者可以租用瓦斯車(Metano)，但是目前仍較少租車公司出租瓦斯車，而且瓦斯車的加氣站較少，通常設於市郊地帶，錯過加氣站的話，就比較麻煩，須隨時注意剩餘量。較著名的租車公司有Avis、Hertz等，在機場及主要火車站都可找到服務櫃檯。週日加油都要自助加油。

自助加油機

瓦斯車加氣站

▶遺失物品

● **護照遺失**：先到警察局報案，接著拿報案證明到駐義大利台北代表處辦理臨時護照。出國前最好先影印一份護照影本，與正本分開放。如有影本，1小時即可辦好。

● **信用卡遺失**：出國前請事先記下你所使用的信用卡之海外遺失聯絡電話，遺失後馬上打電話掛失，回國再行補辦。

信用卡遺失義大利當地免費緊急服務中心
Visa：800-781-769
Master：800-870-866

● **旅行支票遺失**：出國前最好先影印備份，記好支票序號。遺失的話，到附近的服務中心，

認識義大利

提供尚未使用的支票序號，就可直接在當地換發(購買時會提供給客戶各地服務中心聯絡資訊，請記得攜帶出國)。記得還未使用的支票，下款的簽名處不要先簽名，以免被盜用。

● 免費緊急服務中心：800-914-912

旅遊諮詢服務

● 義大利觀光局官方網站：www.enit.it

● 旅遊資訊中心(Informazione)：幾乎各大城市的主要火車站、機場、市區都設有多處旅遊資訊中心(簡寫「i」)，提供地圖、觀光、住宿、藝文活動等資訊，也可購買各城市的旅遊卡、代訂音樂會等。抵達時可先到此索取免費地圖、資訊。

● 台灣駐外單位：在義大利境內遇到任何問題，像是補發護照或緊急情況，可向駐義大利台北辦事處申請或求助。

駐義大利台北辦事處
地址： Viale Liegi, 17, 00198 Roma, Italia
電話： 39-(0)6-98262800
急難救助專線： (39)3381418946(專供緊急求助之用，如車禍、搶劫、生命安危等緊急情況。非急難重大事件請勿撥打)
時間： 週一～五09:00～17:30，中午不休息
交通： 由特米尼火車站搭3、19號電車或360公車到Urgheria-Liegi站

旅遊服務中心

▶ 治安

一般人總認為義大利治安差，自助旅行不安全，其實只要自己多加注意，不要穿金戴銀並看好貼身物品就還好。建議攜帶有內袋的斜背式包包，重要物品放在內袋中，袋子拉鍊隨時拉上，在擁擠的地鐵或公車上將包包斜背在前，有座位就坐下，手放在包包上，小偷的目標通常是漫不經心的遊客。

須小心抱著小孩的吉普賽人及膚色較深的外籍移民，可別逛街逛得太高興，而包包大開，被偷了都不自知！

INFORMATION
旅遊安全須知

1. 吉普賽人或一些阿爾巴尼亞人靠近，最好趕快跟他們保持距離，不要讓他們太近身。搭地鐵時，有些小偷會從後面推擠，趁機偷東西。如果覺得背後有人推擠，趕快拿好自己的東西。

2. 米蘭廣場上會有黑人塞號稱免費的手環或鳥飼料給你，請勿拿，之後會要求不合理的價錢。

3. 街上有很多以慈善簽名的名義詐騙捐款，通常會先問你是哪裡人，然後告訴你上一個同鄉人捐多少錢。

4. 目前除了拿坡里及東南部幾個大城市之外，一般城市安全問題比較不需要擔心。義大利警察分為兩種，一種稱為「Polizia」，另一種稱為「Carabinieri」。如有問題，都可向他們求助。市中心或熱門景點都可看到他們的蹤影。

旅行、購物前要先做功課

　　雖然到義大利各大小城市後,都可在市中心或火車站設立的旅遊服務中心(informazione,黃色標誌,經常簡寫成「i」)拿到免費地圖、觀光資訊,或預訂旅館,甚至可購買觀光車票、表演票。但建議你,好不容易出一趟國門,還是事先在國內做好旅遊計畫,比較保險喔!當然,再次提醒你,抵達每個義大利城市時,第一件事就是先到服務中心索取旅遊資訊,免得錯過當天的重要活動。

義大利旅遊實用網站推薦

義大利旅遊工具網站

Rail Europe歐洲鐵路
歐洲鐵路通行證官方網站,有中文網站,可查看鐵路資訊及通行證使用規定。
http www.raileurope.com.tw

氣象查詢
地圖上有各城市當天的氣候預報,也可看到未來一週的詳細天氣資料。
http www.tempoitalia.it

租車網站
租車聯合網站,點選地點及日期、車型就可比較各大租車公司的價格並預訂。
http www.webcarhire.com

TripAdvisor旅遊網站
涵蓋全球各地,包括義大利各城市的景點、餐廳、旅館等介紹,可以參考旅行者的意見。
http www.tripadvisor.com

義大利鐵路局官方網站
可直接上網訂票及查詢各城市的時間及車程、費用。
http www.trenitalia.com

國際青年旅館
可查詢並預訂全國各地的青年旅館資訊。
http www.hihostels.com

義大利購物Outlet搜尋
詳細列出全義大利Outlet的資料,但只有義大利文。
http www.outlets-in-italy.com

背包客棧
最受歡迎的中文背包客資料網,有豐富的背包客旅行分享,想知道當地最即時的資訊,可到討論版爬文,不過資料相當多,需要多花點時間。
http www.backpackers.com.tw

全球便宜機票聯合搜尋網站
只要點選出發國家及目的地國家、城市,就可查詢所有這條航線的機票,並直接點選到各航空公司比價。
http www.skyscanner.com

全球機票比價
Fare Compare
可比價、查詢飛航時間及航空公司。
http www.farecompare.com

義大利觀光網站

義大利觀光局
義大利觀光局的官方網站，詳細列出義大利所有熱門城市的旅遊資訊。
http www.enit.it

威尼斯
城市活動、景點介紹、住宿資訊、觀光路線建議、實用資訊、氣候及交通等。
http www.turismovenezia.it

米蘭
城市活動、景點介紹、住宿資訊、觀光路線建議、實用資訊、氣候及交通等。
http www.turismo.milano.it

佛羅倫斯
城市活動、景點介紹、住宿資訊、觀光路線建議、實用資訊、氣候及交通等。
http www.firenzeturismo.it

羅馬
城市活動、景點介紹、住宿資訊、觀光路線建議、實用資訊、氣候及交通等。
http www.turismoroma.it

拿坡里
城市活動、景點介紹、住宿資訊、觀光路線建議、實用資訊、氣候及交通等。
http www.inaples.it

義大利生活情報網站

義大利電視廣播
義大利最主要的電視台，可以在網路上收看網路電視及收聽廣播。
http www.rai.tv

義大利新聞報
可看到當天的電子報及各種政治、旅遊、生活、美食、流行時尚資訊等。
http www.repubblica.it

義大利品牌店
http www.shoppingmap.it

生活文化旅遊情報 (英文網站)
生活文化、節慶、美食、時尚、不動產、租屋、家庭園藝、氣候等生活資訊。
http www.lifeinitaly.com

外國學生到義大利學習情報
這是全球留學情報網，包括義大利各地的學校及其申請資訊、當地生活資訊等。
http www.studyabroad.com/italy.html

義大利語言學校搜尋
http www.it-schools.com

義大利旅遊實用App

Skyscanner
可搜尋各點的航班、時間與價錢。
http www.skyscanner.com.tw/mobile.html

中華航空的CI App
方便訂購機票及查詢。
http www.china-airlines.com/ch/promotionch/promotionch 001319.htm

Worldmate
行程安排及航空狀態即時更新，註冊後，只要將飛機訂購確認函的email轉寄到Worldmate，系統會自動提醒飛機即時狀態及安排行程。TripIt及WorldTravel也有同樣功能。
http www.worldmate.com

TripAdvisor
可查詢各城市的旅遊資訊，包括旅館評比與訂房，景點與餐廳評比等，另也包含詳細的實用資訊。類似的程式還有：World Explorer，有中文介紹各景點。
http www.tripadvisor.com/MobileApps

Meteo
義大利免費天氣預報。
http itunes.apple.com/tw/app/meteo/id446390682?l=zh&mt=8

Weather & Restaurants Guide
義大利氣象新聞及餐廳指南。
http itunes.apple.com/tw/app/italiano-news-weather-restaurants/id481593528?l=zh&mt=8

Google Maps地圖
免費軟體，方便查詢路線及交通方式。
http itunes.apple.com/us/app/google-latitude/id306586497?mt=8

Garmin BaseCamp
免費軟體，方便查詢路線及交通方式。
http itunes.apple.com/tw/app/garmin-basecamp/id411052274?mt=12

iMoney
免費軟體，可自動換算匯率，方便購物使用。
http itunes.apple.com/tw/app/imoney-for-ipad-currency-converter/id421383404?l=zh&mt=8

Currency Converter
免費軟體，可自動換算匯率，方便購物使用。
http itunes.apple.com/tw/app/currency-converter/id326884235?l=zh&mt=8

單位換算Unit Conversion
免費，自動換算各種單位。
http itunes.apple.com/tw/app/dan-wei-huan-suanunit-conversion/id505063956?l=zh&mt=8

服裝尺寸轉換
Android系統，免費軟體，可轉換全球各地的服裝、鞋、胸罩尺寸。
http itunes.apple.com/tw/app/clothing-size-conversion/id395499375?l=zh&mt=8

Dressipi Size Finder
男女童裝尺寸換算。
http itunes.apple.com/tw/app/dressipi-size-finder/id490999867?l=zh&mt=8

免費無線網路需註冊
各大城市的主要廣場也開始有免費無線網路，只要上網註冊即可使用。

Rules

購物教戰守則

到各個不同風俗民情的國家購物，並不一定是老子有錢就可以當大爺，互相尊重才是購物的首要原則。如果能在義大利血拼之前，先了解一下義大利人的購物習慣，或許，單是在義大利購物時與當地人互動，就會是旅途中最棒的回憶喔！

GIORGIO ARMANI

什麼時候可以在義大利撿便宜？

義大利季末打折都有統一打折日期，夏季打折通常是7月上旬，冬季打折大約1月上旬，爲期約2個月，店面會貼上「Saldi」或「Sconti」的字樣。

現在義大利已經全面統一打折時間，冬季折扣爲1月初，夏季折扣爲7月初，折扣時間爲期約2個月，不過7月底之前尺寸較齊全，8月之後，尺寸就較短缺了。

大部分商店一下折扣就是5～7折，所以精品店門口及大眾商店結帳處都是大排長龍。有找到喜歡的精品最好趕快下手，之後尺寸就會越來越少。不過平價品牌(如Benetton或H&M)，連鎖店很多，尺寸相對比較齊全，時間許可的話，不妨等到5折再下手。

看到Saldi、Sconti、Vendita就是打折的意思

如果無法在折扣期間拜訪義大利，可以在行程中排個時間到Outlet撿便宜。

最近幾年義大利相當流行Outlet，幾乎所有大城市郊區都可找到大型Outlet。可買到3～5折的精品。

知名的Outlet都會有大品牌鎮店，義大利目前最知名的Outlet是佛羅倫斯郊區的The Mall，附近也有多家Outlet，但交通比較不方便。

BEFORE SHOPPING
出國前的血拼準備事項

☑ 出國前最好先確定信用卡使用額度及卡片的有效期限(義大利刷卡要出示護照)。

☑ 刷卡後保留單據，回國後可核對帳單。

☑ 長途旅行者，出國之前不妨辦理網路繳款服務，旅行時也可上網繳費或核對刷卡金額。

☑ 使用信用卡消費會多加1%的國際清算費。有些商家會問你要以台幣或歐元計價，以歐元計價較划算。

☑ 先逛逛國內的商店，記下想要購買的商品價位，如果國外價錢差不多就不需要大老遠提著同樣的東西回國了(不過義大利店面的貨品通常比台灣專賣店多)。

☑ 出國時，大的行李箱最好預留戰利品的空間，義大利的誘惑太多，並不需要帶太多東西過去，建議也準備一個可收摺的空袋子。

☑ 先查好想要購買物品的商店位址，不是每個城市都找得到所有品牌專賣店。各品牌的官方網站都會詳細列出專賣店位址。

☑ 準備一張小卡片，寫好個人的英文姓名、英文住家地址及護照號碼，方便退稅填寫資料。

歐洲許多大型Outlet設計得像個美麗的小村莊

義大利哪裡購物去？

> 到義大利購物可能會覺得義大利的百貨公司真
> 是陽春，因為義大利境內各品牌都有自己的專
> 賣店，較少大型的百貨公司。

不過也不用擔心要買東西，就得逛好多地方才
能買齊，因為大部分的品牌都會集中在每個城市
的主要購物街區，等於是把我們習慣的百貨公司
平面化而已。

INFORMATION
精品店購物規定

1. 如達到退稅金額，店員會請顧客填寫姓名及
   護照號碼、英文地址。要記得攜帶護照影
   本。
2. 打折期間顧客較多時，會有警衛在門口控制
   人數，這樣服務人員才能一一為顧客服務，
   須耐心等候(通常不需要等太久的時間)。

義大利的中小城鎮，主要的購物街區大部分就是主教堂附近的市中心。而且通常大眾商品會集中在同一街區，精品街會集中在另一個街區。

市中心通常至少會有一個傳統市集，這裡可以找到新鮮蔬果及便宜的小吃、家用品、服飾。

主教堂

精品街區

平價品牌街區

傳統市集

精品街與平價品牌街區大都相隔不遠。

古城區較多老雜貨店，現代化的超市可往市中心邊緣或住宅區找。

以米蘭來講，主教堂附近就可找到各種類型的購物街道

購物6大注意事項

1.別碰！

義大利買東西最好不要隨便動手摸，尤其是蔬果攤，請告訴老闆你要什麼東西，讓老闆拿。架上物品都是老闆盡心擺得漂漂亮亮，如果弄亂了，老闆當然會不高興。

2.稍安勿躁！

在義大利買東西時要有耐心，店員一次只服務一位客人，也就是說當他還在幫其他客人打包，但還沒送走客人之前，就不會先服務其他客人，這也是對每位客人的一種尊重。

3.打聲招呼吧！

進店時，義大利人習慣會跟老闆打聲招呼，早上時就說「早安」(Buongiorno)，下午後就說聲「午安」(Buona sera)，離開時說「再見」(Arrivederci或Ciao)。

4.三思而後買！

街上有很多非洲人販售假貨，購買前請務必三思，如在海關被抓到，或被警察抓到你手拿著錢給賣家時，罰款會很高。街上有一些以慈善募款為名的小攤，不要理他們，大部分是騙人的。

5.站著比坐著便宜！？

到Bar買東西時，外帶或站在吧檯會比坐下來便宜。

6.東西方Size大不同喔！

東方人的身形與西方人不同，有些商品的尺寸須特別注意。例如：Ferragamo的赫本鞋，東方人最好選擇植頭C或D，穿起來才會舒服。如果是朋友託買的，最好先查清楚最適合的尺寸。在店內可盡情詢問或要求試穿有興趣的商品。

尺寸換算表

＊現在也有很多單位換算App，可下載在智慧型用品上，方便換算。

男　鞋						
台灣	74	76	78	80	82	84	86
美國	6 1/2	7	7 1/2	8	8 1/2	9	9 1/2
英國	6	6 1/2	7	7 1/2	8	8 1/2	9
義大利	39	40	41	42	43	44	45

女　鞋						
台灣	65-66	67	68	69	70	71	72
美國	4 1/2	5	5 1/2	6	6 1/2	7	7 1/2
英國	3	3 1/2	4	4 1/2	5	5	6
義大利	38	40	42	44	46	48	50

女裝／外套						
台灣	XS	S	M	L	XL	XXL	XXL
美國	0	2	4	6	8	10	15
英國	2	4	6	8	10	12	14
義大利	38	40	42	44	46	48	50

男性襯衫						
台灣	S	S	M	M	M	L	L
美國	14	14 1/2	15	15 1/2	16	16 1/2	17
英國	14	14 1/2	15	15 1/2	16	16 1/2	17
義大利	36	37	38	39	40	41	42

製表：吳靜雯

該怎麼退稅呢？

機場退稅

義大利的營業稅(IVA)是21％，但要扣8％的手續費，所以約可退12～13％的稅。只要同一天在貼有退稅標籤的同一家店買超過155歐元，就可以要求店家給退稅單。

到離開歐盟國家的最後一個離境機場(包括英國)讓海關蓋章(海關會要求看完整未使用過的商品)，再到退稅櫃檯選擇以現金、信用卡、支票退稅。如果隊伍真的很長，可採信用卡退稅，但要等3～5個星期才會收到款項，有些甚至石沉大海。建議還是以現金退稅較為保險。

各店家會與不同的退水公司合作，常見的有：Global Blue Tax Free、Tax Refund、Premier Tax Free。海關蓋過章要到退稅公司櫃檯辦理時，要看好是哪一家退稅公司，在正確的退稅櫃檯前排隊。

不同的退稅公司有不同的商標及辦理櫃檯

市區退稅處查詢
- Tax Refund聯網：www.taxrefund.it，點選「Refund Offices」，Country選擇「Italy」
- Premier Tax Free：www.premiertaxfree.com，點選「現金退稅點」
- Global Blue：www.globalblue.cn，點選「旅客服務」「退稅點」

市區退稅

目前退稅公司在義大利各大城市市區都設有退稅服務處(通常和匯兌處合在一起)，只要拿退稅單、護照及信用卡到該退稅公司的服務處即可辦理退稅。

好處是，現金退稅可以立即拿到退稅金額後繼續血拼，且不收手續費。不過有些只能退美金，而且最高只接受500歐元的退稅總額(機場最高為1,000歐元，超過則須退到信用卡中，約5個工作天)。

辦理市區退稅時須攜帶護照及信用卡，若最後無法在機場取得海關蓋章並寄出退稅單，會從信用卡扣回退稅金額。

可在此辦理退稅的標示

INFORMATION
退稅小提醒

1. 如果個人在同一家店消費未達到155歐元，可以與友人一起結算，填在同一張退稅單上，退稅後再分錢。

2. 退稅時須在退稅單上填寫英文姓名及英文的台灣地址，出國前最好先準備好英文資料。出門購物時記得攜帶護照影本，或用隨身攜帶的手機拍護照存檔。

退稅程序

Step 1 確認商家可退稅

購買之前要先看該店家是否貼有退稅聯盟的標誌，結算後超過155歐元可要求店員給你一張「Tax Refund」退稅單，店員會幫你填上所有購買的貨品及退稅額，然後請你填上英文地址、護照號碼並簽名。務必妥善保存購買的收據與退稅單。

選擇退稅方式

Step 2 機場櫃檯辦理退稅

1.行李託運退稅

想將購買物品放入大行李託運者，抵達機場Check in櫃檯，先跟櫃檯說這是要Tax Refund的，服務人員將登機證劃好位交給你後，將行李(已貼好行李條)拉到海關退稅處(Custom)，把所有退稅單拿給海關蓋章，海關會要求抽檢並核對物品(同一本護照的東西，放在同一個行李箱)。

注意 行李託運的海關只會蓋放在「Check in後貼上託運行李條」的託運行李中的退稅品，記得將放在託運行李及手提行李的退稅單分開來。

蓋完章後將行李放進海關蓋章處附近的行李輸送帶，或者拖回原Check in櫃檯。之後可以開始入關、通過安檢、移民海關，通過後直接到機場裡面的VAT Refund退稅公司櫃檯排隊領退稅金(羅馬機場過移民海關約150公尺處右側)，三家退稅公司的櫃檯都在這裡。

注意 雖然託運行李會比較輕鬆，但是義大利機場有偷竊問題，建議貴重物品仍以手提退稅的方式辦理(但不可帶危險物品及液體上機，像是有尖頭的開瓶器，須以託運方式處理)。

2.手提行李退稅

將所有要退稅的物品集中在一個大購物袋或可上機的小行李箱中，大行李Check in託運後，你可以提著待退稅的物品入關、通過安檢、移民海關，之後直接到機場內的海關退稅櫃檯辦理退稅(依Custom或VAT Refund指標走)。

機場內海關及退稅處的指標

Step 將退稅單交給海關

請將所有退稅單拿出信封袋，交給海關。有些海關會核對每一件物品，請務必攜帶所有手提退稅物品，不要忘了而將某些物品放入託運行李箱中，如果海關檢核時缺少該品項，就無法退稅。此外，物品必須看起來還未使用過。

有時候會遇到很多人排隊等著海關(Custom)蓋章退稅，最好提早抵達機場，預留退稅時間

Step 4 領取退稅金

蓋完章後到兩邊的退稅櫃檯領取退稅現金。Global Blue退稅單往Global Blue櫃檯退稅，Premier退稅單則往Premier櫃檯退稅。

海關蓋過章後依自己的退稅公司前往該櫃檯辦理退稅

● **狀況1**：如果排完海關蓋退稅章後沒剩下多少時間就要登機，而退稅櫃檯的隊伍又很長，建議你可以將每張已由海關蓋好章的退稅單(含收據)正本，連同購物時給你的信封封好，投入旁邊的信箱，但請記得保留副本以作為將來追退稅之用。

● **狀況2**：如果退稅公司在機場沒有設立退稅櫃檯者 (羅馬機場的海關旁有Global Blue、Premier Tax Free及Tax Refund這三種退稅櫃檯)，請填好信用卡號及到期日，將信封封好投入退稅公司的郵筒(海關旁邊)，建議拍照留本以作為將來追退稅之用。

沒有時間辦理現金退稅者，請將稅單裝入信封，投入退稅櫃檯前的郵筒

可至郵局或請商店代寄

有些商店有海外郵寄服務，可以請商家幫你將商品寄回家，這樣就不需要搬著大商品到處跑了。或可自行到郵局郵寄，現在義大利郵政已改善，服務較有保障。如要快速收到物品，可以寄航空郵件，通常是1個月內會抵達。或者可以選擇海運，費用較便宜，但約需2個月的時間。

學會看懂退稅單

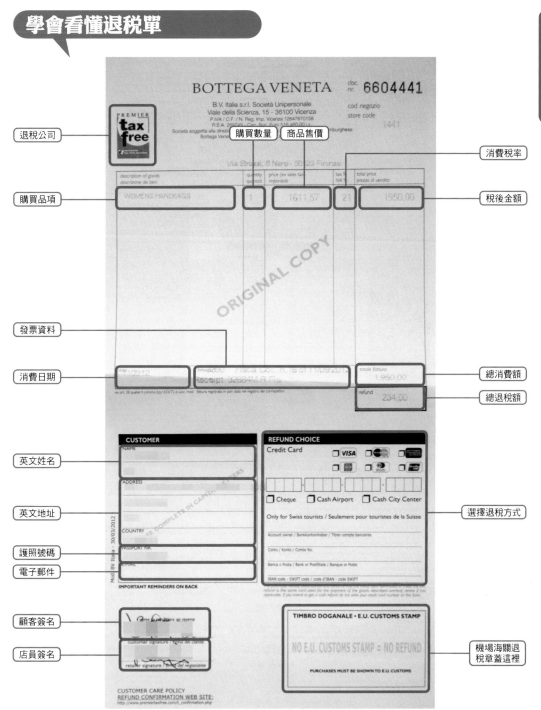

退稅公司

購買品項

發票資料

消費日期

英文姓名

英文地址

護照號碼

電子郵件

顧客簽名

店員簽名

購買數量

商品售價

消費稅率

稅後金額

總消費額

總退稅額

選擇退稅方式

機場海關退
稅章蓋這裡

Before Shopping

Shop before you die

義大利
名牌採購指南

Brands

時尚品牌紀事

隨口唸出幾個全球知名的精品名牌，其中總不漏義大利製造。義大利打造精品的工藝技術，已達到全球頂尖之境，就連其他國家的精品名牌，也會聘請義大利工匠為他們製造頂級產品。我們將在此篇整理出最具代表性的義大利品牌。

Miu Miu

Designer：Miuccia Prada / Logo：Miu Miu / Classic：褶子設計
Where to Buy：各大城市專賣店 / Website：www.miumiu.com

Miu Miu是義大利的知名品牌Prada的副牌。Prada的創始人是Mario Prada，以高品質的包包聞名，也曾是皇室的御用品牌。但後來生意日漸下滑，1979年由第三代傳人Miuccia Prada正式接手。其實Miuccia原本是讀政治的，因著家族使命，後來還是決定回來接手，爲Prada打造出與眾不同的品牌精神，Prada也才有今天的成績。

Miuccia接手後，自美國引進她喜愛的黑色尼龍防水布料(Pocone)設計包包，低調的放上倒三角形的Prada鐵牌，一推出後，蔚爲風潮，後來又陸續推出Ready-to-wear的成衣系列及女鞋，成功地挽救了原已低靡的Prada。再加上Miuccia備受員工愛戴，整個設計團隊就像一個大家庭，樹立起良好的品牌形象。

1992年，才華洋溢的Miuccia耐不住寂寞，又以自己的小名創立了Miu Miu品牌，也開始發揮天馬行空的創意，成功地讓Miu Miu以簡約甜美的風格，風靡全世界。

Miuccia Prada以Child Woman爲設計原點，大玩簡約甜美設計。Miu Miu使用許多輕質布料，像是棉紗及絲質布料，顏色方面則承襲一貫的簡約風格，以素色調(Earthy Tone)爲主，設計上更是隨處可見褶子元素，在甜美中，又顯出落落大方的氣質。

Diesel

Designer：Renzo Rosso / Logo：紅底白色的Diesel字樣 / Classic：牛仔褲
Where to Buy：各大城市 / Website：www.diesel.com

攝影／許志忠

Renzo Rosso創立的Diesel，原本專為義大利皇室縫製牛仔褲，1978年才創立獨立品牌。也開始以特立獨行的品牌概念，獨步全球。

會以Diesel命名是因為1972年時，全球面臨嚴重的能源危機，而柴油推動引擎的能力比汽油好，柴油成為當時的潮流尖端；此外，西方各種語言中，柴油的名稱都為「Diesel」，因此將新成立的公司稱為「Diesel」，通用於各國。

Diesel的設計概念都相當具原創性，靈感來自日常生活、當下社會所關注的議題。他們強調人與自然的和諧共存，對於街頭議題尤其注意，因此和年輕人的思想潮流緊緊相連。而它勇於表現自我的風格，也一直吸引著全球各地年輕人的目光。

基於這樣的品牌哲學，Diesel邀請世界各地的設計師齊聚一堂，一起討論每一季的設計主題。每次的Diesel廣告也是全球矚目的焦點，與其說他們是在廣告新產品，不如說他們是在闡述時代議題。舉例來說，大家現在最關心的是環境問題，Diesel便以沙漠中的長城為廣告，引發世界公民對全球環境的注意。而且廣告都是以它所要表現的議題為主，模特兒及產品照片，則退居為配角。Renzo曾說過：「Diesel不需告訴顧客該買什麼，而是要傳遞一種對生活的感受。我相信顧客的智慧，他們知道要選擇最獨特的。」

Diesel的產品中，當然還是以牛仔褲最為著名。它之所以如此受歡迎，主要在於它獨創的設計，能完美地修飾身形。此外，Diesel還以獨一無二的破損與復古色聞名，每件牛仔褲都像是已經穿過10年的舊褲。這樣的效果，需要以手工不斷地洗染、磨邊才能形成，堅持不使用任何化學藥品處理。所以我們可以說，每件Diesel的牛仔褲都是獨一無二的。Diesel也因此有一些珍貴的限量古董褲(米蘭旗艦店可找到)。

Liu · Jo

Designer：集體設計 / **Logo：**Liu · Jo / **Classic：**襯衫、洋裝
Where to Buy：各大城市 / **Website：**www.liujo.com

Liu Jo是創立於1995年的義大利品牌，短短幾年間，就已成爲義大利年輕女性最喜愛的品牌之一。只要看到Liu Jo的服飾，就知道該季的流行趨勢。Liu Jo的服飾品質佳，而且讓人覺得它的服裝適合各種不同的場合。設計簡單俐落，又能顯出高貴、性感與甜美的女性特質。最近幾年，Liu Jo的配件，像是鞋子、包包、皮帶等，也相當受矚目。此外，它的中上價位定位，也是這個品牌能快速竄起的原因之一。另一個可與Liu Jo相比擬的品牌爲Patrizie Pepe。

Miss Sixty

Designer：集體設計 / **Logo：**Miss Sixty / **Classic：**牛仔褲
Where to Buy：各大城市 / **Website：**www.misssixty.com

Miss Sixty創立於1991年，到目前爲止，已經是義大利年輕人的流行指標。所有設計剪裁毫不掩飾的展現出簡潔獨特的線條，而女性服飾更是能巧妙的烘托出長腿、纖腰與翹臀，讓穿上Miss Sixty的女性，不但能展現十足的性感魅力，還能表現出女性獨立自主的精神。

在義大利逛街時，只要一走進Miss Sixty的專賣店，總有充滿活力的店員親切問好，繽紛的店面裝潢、充滿創意的擺飾、與店內播放的音樂，一下子就能讓人感受到Miss Sixty的品牌魔力。

雖然這個品牌名爲Miss，但也有男裝設計，他們獨特的牛仔褲設計可是讓許多義大利年輕人爲之瘋狂。牛仔褲約100歐元，過季的商品有更便宜的售價。除了男女服飾外，2001年也開始推出各種鞋款，同樣有別種品牌找不到的Miss Sixty風格喔！

Manila Grace

Designer：Manila Grace / Logo：Manila Grace / Classic：絲綢般的abaca纖維物料
Where to Buy：各大城市 / Website：www.manilagrace.com

▌*"在充滿異國風情的國度裡，隨 著輕柔的樂音，悠然起舞。"*

Manila Grace是急速竄紅的義 大利品牌，以smart chic為 設計主軸，將現代女性的自信、個 性、時尚、柔美集於一身，呈現 出一件件脫俗迷人的服飾，經過 Manila Grace的櫥窗，絕對會馬上 被她的設計所吸引。

　同樣誕生於波隆納城的另一個知 名品牌為Anna Rita N，竟能將叛逆 與優雅完美融合。

Twin-Set

Designer：Simona Barbieri / Logo：Twin-Set / Classic：羊毛針織衣
Where to Buy：各大城市 / Website：www.twin-set.it

▌*"精靈般的氣質，細緻、靈巧。"*

Twin-Set起於義大利Modena 地區的品牌，近年來急速擴 展，設計也越來越豐富、多樣化。 一件件充滿創意的甜美設計，掛在 浪漫不已的店面裡，可說是義大利 逛街必進美店之一。女裝之外，現 在還有童裝系列。

　由設計師Simona Barbieri主導的 Twin-Set，在繽紛的色彩設計中，大 玩細緻裝飾與大方剪裁的衝突美。

Alessi

Designer：Giovanni Alessi / Logo：Alessi / Classic：居家用品
Where to Buy：各大城市 / Website：www.alessi.com

■ "生命，怎麼可以不浪費在美好的事物上？"

Alessi來自義大利北部的Omega市，美麗的Orta湖畔。1921年時，曾赴德國學藝的銀匠Giovanni Alessi創立Alessi品牌，並以他精湛又完美的手工技藝，製造出許多精美的家庭用品，也因而讓Alessi的名氣越來越大。不過Alessi的大轉變應該是30年代以後，第二代的經營者Carlo Alessi開始在生活用品上加入設計，不再只是單純地強調實用性而已。以義大利人獨有的美學信仰「Bella Figura(美形主義)」為設計哲學，再以人為設計主軸。

1950年以後，Carlo的弟弟Ettore加入，開始和各大知名設計師合作。而1970年代第三代的Alberto等人接手後，為Alessi的設計注入一股新血，設計更加天馬行空，大膽地與許多極具爭議性的設計師合作，法國設計師Philippe Starck就是其中最佳代表，與Alessi擦出許多令人讚嘆的火花。Philippe Starck所設計的水壺，早已是設計史上的經典產品。

時至今日，Alessi已經和200多位建築師與藝術家合作過，幾乎20世紀所有知名的設計師，都名列其中，像是Richard Sapper、Achille Castiglioni、Ettore Sottsass(5070系列調理組)、後現代建築運動代表Michael Graves(快樂鳥水壺)、Aldo Rossi(咖啡壺)、Marc Newson、Enzo Mori等人。Alessi也成了名副其實的「設計夢工廠」，各種設計點子，都可能呈現在Alessi的設計產品上。

而最近的Alessi更開始跳脫機能主義，在設計上更多彩、有趣，讓人看到Alessi的設計，就忍不住掛起一抹微笑。像是由Alessandro Mendini所設計的Anna G開罐器及其系列產品，以及由Guido Venturini設計的鏤空小人像系列產品。另外最經典的產品還包括：F. Gehry所設計的不鏽鋼桃木手把水壺、Stanley Tigerman的絕代風華茶具與咖啡壺系列。最近Alessi還增加手表產品，並與Fiat等異業合作，甚至與台灣的故宮一起設計出清宮娃娃系列，讓人對Alessi的新產品，永遠抱持著好奇心(購物資訊請參見P.104米蘭Alessi旗艦店及La Rinascente百貨)。

Cappellini

Designer：Giulio Cappellini / Logo：Cappellini / Classic：居家用品
Where to Buy：各大城市 / Website：www.cappellini.com

▍*"設計探撿家，遊走於現實與想像、平凡與驚奇。一場無邊境的探險"*

Cappellini創立於1946年，於1960年代開始以簡單的線條，配合高品質的材質，創造出優質現代家具，爲義大利家具的領導品牌之一。

Cappellini主要有5個系列，分別是Collezione、Mondo、Oggetto、Units、Extra Cappellini。Collezione爲主要產品線，充滿現代都會的時尚感。而Mondo(World)，顧名思義就是結合全球各地的風格，巧妙地融合東西方美學。Oggetto則是居家飾品及生活雜貨，其中以燈具最爲出色。Units的主要概念是創造出一些可以讓主人自行組合、使用的生活用品，打破固有的規則與秩序，多一點自由與自主性。Extra Cappellini系列產品是其中最具藝術感的作品，讓家具成爲一項令人讚嘆的藝術品，給予設計師自由的創意空間，造就出一件件獨特的藝術品。

INFORMATION
推薦家用品挖贊地

1. **Casalinghi**：想買便宜的日常家具或廚具，除了在超市、傳統市場可買到之外，電器家用品店也是挖寶的好地方，常會發現許多便宜又好用的咖啡杯組、碗盤、廚具等實用家用品。

2. **Chiti Annibali**：雖然Casalinghi到處都有，不過我覺得佛羅倫斯中央市場外面的這家家電用品店是搜購各種家用品的最佳地點。小到開酒器、開罐器、核桃夾都有好幾種供你選擇，更別說一櫃櫃平價的咖啡杯組、鍋碗瓢盆等。另外，這裡還有一些大品牌，像Bialetti咖啡用品，及Alessi的各種實用產品等。這家商店隱身在攤販後面，大部分的遊客都只會注意到外面的攤販，反而忽略了這家看似不起眼，卻有如寶庫的家電用品店。
地址：Via Dell' Ariento,59/63/R.
電話：(+39) 0552-84786

米蘭布雷拉區及Via Durini街區聚集各國際級家具品牌

時尚品牌紀事

義大利經典品牌

Prada

以防水尼龍包獨領風潮，商標以低調Prada字樣或倒三角形鐵標為主。產品設計簡潔低調，展現Smart的現代都會風格。

Bottega Veneta

起家於北義的BV，名為「威尼斯手工坊」，以精湛的手工技藝，呈現出獨特的皮質編織包。

Giorgio Armani

跨時代的優雅是Armani一貫的風格。這樣的品牌設計也是讓人在每一種場合，都穿著得宜的服飾。另還包括Armani Collection、Armani Jeans等年輕副牌。

Salvatore Ferragamo

以精緻的工藝製鞋聞名，光是一雙赫本鞋就需要220多道程序。流行與舒適性並重，風格較為端莊。經典款包括奧黛麗赫本鞋、隱形涼鞋。

Fendi

由女人掌舵的企業，最能掌握貴婦級的時尚設計。以皮草、雙F印花、「貝貴」提包及手表聞名。近年來也積極發展家具設計。

Tod's

堅持採用天然材質，在優雅簡潔的設計中，散發出永恆的時尚感。經典商品包括133顆圓粒做成鞋底的豆豆鞋及D Bag、T Bag系列包。

Gianni Versace

Versace戲劇般的人生，一直是時尚界的神話。而穿著Versace服飾的女人，總是全身散發著耀眼、迷人的風采。08年更在米蘭的Via Borgospesso開設第一家精品家具店。

Fratelli Rossetti

創立於1953年的皮鞋品牌，精選頂級皮革，並堅持以傳統及嚴謹的工序製造各種經典鞋款。

Gucci

時尚潮流的指標品牌之一。首創將品牌名稱當成Logo的商標。「馬銜鍊」、雙G商標、竹節手把、綠紅綠條紋為其經典設計。

義大利經典品牌

Dolce & Gabbana

在這個品牌的設計上,可看到獨特的巴洛克華麗風格。D&G為其年輕副牌。

Furla

帶點童心的成熟女性設計風格。以都會上班族的包包及配件為主。義大利的價格比台灣便宜很多,另一個類似的品牌是Cocinelle。

Emilio Pucci

以明亮的幾何印花設計聞名。充滿普普風,喜用輕質的絲料與萊卡布。現在也屬於Gucci集團的一份子。

Replay

充滿個性的時尚設計,同時又極注重舒適感。代表商品為牛仔褲。每家店都有其強烈的品牌風格,值得逛逛。

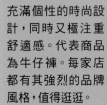

Bvlgari

絢爛的光彩,讓寶格麗一直是珠寶界最閃亮的一顆星。善用多彩寶石與不同材質的組合。

Laura Biagiotti

擅長以羊絨織品設計服飾,尤其是喀什米爾的羊毛製品。因此設計師有著「喀什米爾女王」的封號。

Max Mara

極注重質料與剪裁,散發端莊大方的氣質。以適合所有女性且不退流行的款式為設計主軸。

Max & Co.

Max Mara的年輕副牌,充滿時尚感的迷人風格。冬季外套設計尤為簡約有型。春夏常有端莊中帶甜美的設計。另兩個清新風格的副牌為i Blues及Penny Black。

Trussardi

極簡的線條設計,又能走在流行的尖端,這是Trussardi一貫的風格。以皮件起家的Trussardi,目前仍以皮件為經典產品。

義 大 利 經 典 品 牌

ANNA RITA N

將許多復古元素，以現代設計呈現出時尚感。

Pinko

個性、活力、時尚感，均涵蓋在這個品牌的設計品中了。

Brunello Cucinelli

喀什米爾羊毛織品聞名的義大利品牌，總能呈現出一種優雅的自信。

Duvetica

日劇《家政婦三田》中女主角每天穿的那件羽絨衣，就是義大利Duvetica品牌出品。輕盈又保暖的材質，是它廣受歡迎的主要原因。

Marni

義大利頂級品牌中的一線品牌，除了一貫的「舒適」最高原則外，設計總透顯出輕鬆的嬉皮與清新的都會時尚風格。

The Bridge

現在皮件常見的亮皮設計，就是由The Bridge發明的。其皮夾及醫生包廣受消費者喜愛。

高級太陽眼鏡

義大利是全球頂級太陽眼鏡的最大生產國，各大精品名牌的太陽眼鏡幾乎都是義大利製造。而在艷陽高照的義大利，太陽眼鏡的市場需求量大，因此選擇樣式也相當多。市區購物街及百貨公司內均可看到太陽眼鏡專賣店。

Fullspot 彩色表店

有各種顏色的表心及表帶，讓消費者自己選擇、搭配，多達1,200種搭配方式。價格約25歐元，相當合理，算是相當實用又漂亮的伴手禮。此外還有手提袋，同樣可以自行搭配袋身及背帶的顏色。在義大利各大城市的火車站均可看到店面。

Cruciani 許願手鍊

以喀什米爾羊毛製品聞名的Cruciani，在2012推出許願手鍊，馬上成為義大利最流行的禮物。據說戴上前要先許願，而且還得是朋友送，不可以自己買願望才會實現喔！維洛那藥草廣場上及佛羅倫斯Coin百貨1樓櫃檯均有售。

義大利經典品牌

Patrizia Pepe

1993年創立的品牌，總能在前衛的設計風格中，同時展現柔美的線條，將所有理想女性的特質，淋漓盡致地表現在服裝設計上。

Moschino

以戲謔的「語言穿著」聞名，但又隨處可見設計師對生命與和平的熱愛。旗下有較正式的Couture、較平價的Cheap & Chic及Jeans牛仔系列。

Roberto Cavalli

充滿野性美的設計。善用不同材質，遊走於剛柔之間。以皮草、民俗風、豹紋、斑馬紋等奢華、性感設計為主。佛羅倫斯的旗艦店咖啡館，每天都高朋滿座。

Ermenegildo Zegna

採用最優質的布料，製工相當嚴謹，是男裝及皮鞋的最佳選擇。

Benetton

一種無國界的快樂最能從Be-netton的服裝上感受到。Sisley為旗下輕熟女路線品牌，Play Life為最新的年輕副牌。

a.testoni

以傳統製鞋技術聞名，堅持採用紋路與透氣性相近的皮革完成一件商品。經典系列為Black Label鞋。

Stefanel

成功轉型的義大利中價位年輕品牌。常以低調、溫暖的色系演繹現代時尚，因此總能呈現出不俗又俐落的設計品。

Missoni

以多彩繽紛的針織圖紋為主。最具代表性的產品為羊毛針織服。另一個充滿異國風情設計的知名品牌是Etro，以Paisley為經典圖案。

Valentino

以剪裁合身、柔和的絲質為主，充分展現高貴的女性化特質。晚禮服尤其受名媛淑女的喜愛。

時尚品牌紀事

義大利經典品牌

Mandarin Duck

以輕質機能性高的旅行包聞名，每季都有一些清新亮麗的顏色。

Sergio Rossi

每雙鞋都追求完美、精緻。目前已加入Gucci集團，積極打入國際市場。經典款為Opanca鞋。

Geox

以會呼吸的鞋聞名，相當注重人體工學的鞋款設計。服飾設計也相當受矚目，Geox近年來在義大利相當火紅。

ZARA

西班牙的流行品牌，以不斷推出新設計款式聞名。商品為平價路線，又走在時尚尖端，因此早已成為全球時尚人士最愛的品牌之一。法國的Promod平價品牌在歐洲也很受歡迎。

H&M

瑞典知名的平價品牌，人稱為「時尚界的IKEA」，打出「便宜貨也有品質」的口號。歐洲每家店生意都非常好。除了男女服飾外，童裝、飾品、包包及化妝品也相當受歡迎。

Goldenpoint

可買到有設計感的內衣、泳裝，花絲襪的樣式也很多，另一個襪子專賣店Calzedonia更是購買花襪的好店，還可買到各種特殊材質的內搭褲。

La Perla

義大利最知名的貴族內衣品牌，設計高雅、性感，當然價位也較高，不過品質相當受到肯定。可找到適合高級服飾的貼身衣物、絲綢睡袍及無痕蕾絲內衣等。除了一般內衣外，還有高級手製禮服、香水、比基尼、高跟鞋等頂級產品。

Intimissimi

設計及剪裁都相當舒適，有許多甜美花色，屬於較平價的內衣品牌。專賣店相當多，Outlet也有平價的暢貨品，10歐元就可買到一套。除了內衣之外，還有睡衣、比基尼、泳裝，此外襪子花色也相當多，大人、小孩及褲襪通通都有。

Tezenis

最近快速崛起的平價內衣品牌，以棉質內衣褲為主。男、女貼身衣物都呈現出舒服的風格。內衣及內褲約5歐元起。另也有各種顏色的小背心。

化妝品、保養品

義大利的天然有機保養品相當好，除了知名品牌——蕾莉歐(L'Erbolario)外，還有各地精心研發出的小品牌(許多小品牌堅持少量生產以獲得最佳品質)及老品牌，像是佛羅倫斯著名的Santa Maria Novella、Parma的Acqua di Parma，另外也買的到其他歐洲國家的優良品牌，像是Weleda、Dr. Houschka等。

Santa Maria Novella

佛羅倫斯知名的天然花草藥妝保養品，花草的品質要求相當高，且有許多獨特的調配方式，因此它的香水、保養品，深受各國王公貴族、名人的喜愛(請參見P.88「佛羅倫斯」篇章)。

Madina

《慾望城市》4位女郎的美麗妝點，就是由義大利知名的化妝品牌——Madina(瑪丁娜)贊助的。這個創始於米蘭的化妝品牌，一直秉持著嬉遊、無拘、個人感，推出各種甜美、亮麗的化妝品。

Dona(維骨力)

義大利Rotta藥廠推出的補骨品，在義大利境內的藥局都可以買到。不過藥效因個人體質也不盡相同，建議大家先諮詢專家意見，免得扣了一堆回來，卻白費功夫。

Acqua di Parma

來自北義Parma的古老香水店，目前也隸屬於LV集團家族。男性香水一開始來自德國，味道較為濃烈，所以當Acqua di Parma推出清新的古龍水(Eau de Cologne)時，在短短時間內即風靡全歐洲。目前也有女性香水及最近滿受歡迎的手工芳香蠟燭。

L'Erbolario(蕾莉歐)

蕾莉歐是義大利古老的草本家族企業，產品以天然材料為主，並以精進的科學測試，為產品把關。產品包裝精美，也是義大利唯一斥資在各大雜誌廣告的有機產品。除了各種男、女保養品外，還有美髮、沐浴、芳香、防曬、有機美容、寶寶專用系列產品，產品種類相當多，其中以乳液、眼霜、化妝水最受好評。此外還有包裝精美的旅行包，是相當體面的伴手禮。義大利的價格約是台灣售價的6折，因此許多遊客到義大利

幾乎所有的有機店或藥局均有售

都不忘大量搜購。由於這項產品在義大利相當普遍，再加上近年來遊客的大力捧場，所以幾乎各大景點附近的藥房均有售。蕾莉歐官方網站：www.lerbolario.com.tw

包裝精美的香皂是滿體面的伴手禮

時尚品牌紀事

Derbe

Derbe是另一個優質的草本品牌，分為好幾個系列，最推薦以藝術之都佛羅倫斯古老傳統為基底的Speziali Fiorentini產品，採用現代、安全的配方，演譯傳統藥師精神。其中以無花果&罌粟花(Fig & Poppy)、玫瑰&黑莓(Rose & Blackberry)這兩種系列產品的香氣最雋永迷人。推薦其沐浴乳、香皂、香水及噴霧水。此外，牡丹萊鎴(Peony & Lime)及甘草橘子(Liquorice & Mandarin)的香氣也很清香。義大利各大藥草店及Naturasi有機超市均有售，網址：www.helan.it、www.derbe.it(佛羅倫斯De Herbore草本藥妝店，請參見P.89)。

Rose & Blackberry香水

無花果&罌粟花及玫瑰&黑莓是最經典的2個系列產品

HELAN

HELAN Cosmesi di laboratorio是1976年由北義熱那亞的大學主任教授及義大利國家律師所創立。HELAN取自希臘文的「太陽(HELIOS)」及拉丁文的「靈魂(Animus)」，意指我們的身心靈應像太陽一樣明亮、清透。而HELAN的產品堅持不添加任何化學品、石油化學成分，只使用從天然植物中所萃取的有效活性成分。再加上熱那亞地區的氣候適合各種藥草植物生長，有許多典型的地中海溫帶植物，他們再以代代相傳的古老草本智慧，採用最溫和的方式製造百分百天然保養品，因此深受義大利專家所肯定。其中最推薦純天然的護唇膏，由於沒有化學品，所以不會擦完一、兩小時後嘴唇變得更乾。另外臉部面霜也深受專家推薦，依膚質分為四個系列：Viso 1、2、3、4，綜合及一般性皮膚可使用Viso 1，乾性膚質可使用Viso 2，油性膚質使用Viso 3，敏感性膚質可使用Viso 4。一般來講，Viso 2的Crema Superidratante超水乳霜及Viso 4的Crema-Gel Idratante Rinfrescante較適合台灣氣候。這些產品的吸收力都很好，每次使用只要塗抹一點點即可。此外，臉部去角質產品也很棒。

Viso 4產品較為清爽，臉部去角質產品也很推薦

品質非常好的護唇膏，不但全天然，
還採用最珍貴的Rosa Mosqueta玫瑰果籽油

蕾莉歐在義大利境內7大暢銷產品

中文	義大利文	中文	義大利文
蜂王乳保濕日霜	Crema viso alla pappa reale	綠泥土蜂膠面膜 (綜合性及油性肌膚)	Maschera viso all'argilla e alla propoli
蘆薈持久保濕日霜	Crema viso idratante all'elicriso e all'aloe	人參滋養柔軟面膜	Maschera viso nutriente e addolcente
甘菊潔面乳(敏感性及乾性肌膚)	Latte di pulizia per il viso alla camomilla	迷迭香調理滋養液 (綜合性及油性肌膚)	Acqua aromatica di rosmarino
黃瓜潔面乳(綜合性及油性肌膚)	Latte di pulizia per il viso al cetriolo e all'amamelide		

Souvenir

買點起士、酒醋回家吧！

義大利必買特產

義大利是個以食為天的國家，因此對於食材的要求到了完美臻至之境，到義大利不把這些優質食品帶回家，簡直是入寶山，卻空手而回嘛！

怎麼買義大利特產？

紅酒醋Balsamico

Choice：Aceto Balsamico Tradizionale di Modena
How：印有「Aceto Balsamico Tradizionale」的字樣
Where：Modena及Reggio Emilia地區
Website：www.acetobalsamicotradizionale.it

醋莊內的小帥哥帶我們摘取葡萄後，新鮮現榨

義大利最著名的傳統食品紅酒醋(Balsamico)，是既健康又香醇美味，嘗過50年的老酒醋、參觀過那滿室芳香的老醋莊後，只能讚嘆：只有義大利人對美食的堅持，才能創造出這樣的純品、這樣的美食！

紅酒醋在中世紀時就已經很重要了，不過真正開始受重視是在拿破崙占領北義時。據說當時發不出軍餉，便以醋來抵付給高階軍官。由此可見當時醋是相當有價值的東西。

義大利紅酒醋主要分為Aceto Balsamico Tradizionale，也就是直接由新鮮葡萄汁來發酵的傳統紅酒醋，以及由酒發酵的Aceto Balsamico Commerciale商業紅酒醋，一般餐廳只使用這種醋。目前傳統紅酒醋只有產於中義的Modena及Reggio Emilia這兩個地區。

傳統酒醋以Trebbiano Modenese、Lambrusco、Lancellotto這三種白葡萄種發酵。摘下葡萄後，新鮮現榨，接著將葡萄汁及葡萄渣一起放入大鍋內攪、擠、

傳統的紅酒醋是純粹以新鮮的葡萄汁釀製的

滾24小時，而且最高溫只能保持80℃。然後靜放沉澱3個月，讓它從100公升變成60公升。之後放進木桶，而木桶的木質香味，更決定了紅酒醋的香味。在釀製的過程中，有些時候放在櫻花木桶裡，讓紅酒醋的果香更濃厚；有些時候則放在橡木桶內，這可加深紅酒醋的顏色(較接近經典紅酒醋的色澤)；如果想讓紅酒醋的木頭香較重一點，還會放到栗子桶或桑椹桶裡。

每年把酒醋移到更小的木桶中，其中有些可能是不同種類的木桶，以吸取不同的木香

放在木桶發酵、熟成後，紅酒醋會慢慢從木桶濾嘴流出，每年再放前一年的1/10到較老一年的木桶中。因此，在釀醋室裡，最大桶是較年輕的酒醋，最小桶就是釀造最久的紅酒醋。而醋師決定紅酒醋的年份，也是以最小的木桶年份來算。

釀醋室都是設在屋頂閣樓，因為夏天的高溫有助於酒醋發酵，冬天的低溫則可以讓酒醋濃稠。釀造好的紅酒醋只要放在玻璃瓶內，不需要特別擔心瓶蓋關緊、要不要放在冰箱，或太過悶熱會影響品質等，唯一要注意的是不要放在味道較重的香料旁就可以了。而且更棒的是，這種古法釀製的紅酒醋永遠都不會過期，並不需在意瓶身上所標示的過期日。

由於Modena是產醋的重地，因此這裡的家族還有個有趣的習俗。嬰兒出生時，會釀製新醋，一直陳釀到這位小嬰兒長大成人，結婚成家時才裝瓶當作結婚禮物。聽了深深覺得，這真是一份有意義的珍貴好禮啊！

INFORMATION
紅酒醋辨別訣竅

真正的紅酒醋濃稠，完全由葡萄自然釀成，不加任何糖漿或其他添加物。如果成分內有放糖漿(Caramello)及色素的，就是Aceto Balsamico Commerciale的紅酒醋，不是傳統紅酒醋。過世的義大利國寶級人物──Pavolotti(帕華洛帝)也是Modena人，由於紅酒醋對喉嚨很好，據說這是Pavorotti生前最愛的食品之一。

標籤字樣決定品質

一般傳統紅酒醋都要通過嚴格的檢查才能標上「Modena出產」的標籤，好的酒醋則會標上「DOP」字樣，而且這樣的標籤是由協會統一設計，各家酒醋是不可以隨便亂貼的。

標籤顏色判別年份

酒醋會以包裝上的標籤顏色來代表年份，

Modena地區以鵝黃色標籤代表12年醋(約45歐元)，金色代表25年醋(約80歐元)；Reggio Emila則分三種標籤：紅色12年、銀色18年、金色25年。醋莊一年的產量不到100瓶，因此每瓶酒醋都相當珍貴。而有些醋莊還有50年老醋(約150歐元)，這可是需要從爺爺的年代就開始釀製。並不是每家醋莊都有這樣的老酒醋，像這次採訪的Villa San Donnino的50年老酒醋，只能到當地或由網路訂購。

金色為25年酒醋，鵝黃色為12年酒醋

Modena醋莊參觀

很多醋莊都開放參觀，向Modena工會詢問。團體也可以請醋莊安排試吃會，除了酒醋之外，還可以品酒、品嘗這個區域所產的上等起司、義大利臘肉、臘腸。

這次特別請Modena的酒醋協會推薦當地最棒的醋莊，協會為我們推薦「Villa San Donnino」，讓我們體驗了一次難忘的醋莊之旅，比想像中的有趣多了，相當值得推薦。

親切的醋莊老闆首先詳細解說釀醋過程，並讓我們進入那滿室芳香的釀醋室，醋香撲鼻而來，真是醋不醉人，人自醉。之後品嘗各年份的酒醋。不但獲得了寶貴的知識，更參觀了那迷死人的醋莊老宅。這老宅邸還曾經是電影《1900》的拍攝場景，就連廁所都比5星級旅館還高級喔！

這家醋莊預約即可參觀，也可安排在庭園烤肉、品嘗美食。

地址：Strada medicina 25/1, Cap 41100 San Donnino, Modena
電話：(+39)340 2579734
網址：www.villasandonnino.com
E-mail：info@villasandonnino.it
交通：搭火車到Modena火車站，轉搭計程車或自行開車

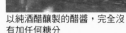
以純酒醋釀製的醋醬，完全沒有加任何糖分

老醋莊美麗的宅邸

INFORMATION
紅酒醋食用方法

A.沙拉淋醬

紅酒醋最常見的是淋在沙拉上食用，因為義大利人吃沙拉只加健康的橄欖油及紅酒醋。傳統順序是：

先放鹽 ▶ 再放帝王醋 ▶ 最後放橄欖油

B.水果或甜點淋醬

不過由於這長久釀製的紅酒醋，味道香醇，因此也有人會淋在草莓或冰淇淋上食用。

C.飯後消化劑

而最頂級的紅酒醋，古代的王公貴族總是飯後一湯匙，幫助消化。

D.感冒&止肚疼良方

一般，Modena地區的家庭則是在喉嚨痛、肚子痛時會吃上一小匙。

用量
用於烹煮時：先試酸味，再決定加入的量。
淋在肉上時：肉先盛放在盤子後，再淋上紅酒醋。
飯後食用時：一小糖匙量。

好用的酒醋瓶設計

酒Vini

Choice：都靈的Piemonte區：Barolo、Asti氣泡酒及草莓酒、Barbera Superiore、Barbera Barricato；威尼斯的Veneto區：Prosecco氣泡酒、Amarone紅酒；托斯卡尼Toscana區：Chianti Classico紅酒、Brunello di Montalcino紅酒、Rosso di Montepulciano紅酒
How：親自品嘗、參考Chianti的等級區分
Where：超市、酒莊
Website：www.chianticlassico.net

車子順著蜿蜒的小山路，徐徐進入Chianti(奇揚地)山區，薄暮間那縷雲霧，垂掛在山腰間，環繞著一畝畝的葡萄園，這就是義大利舉世聞名的Chianti美酒產地。

光是托斯卡尼區就有6區的酒被列為義大利酒中最高等級的D.O.C.G.(Denominazione di Origine Controllata，保證法定地區級)，像是Chianti Classico、Chianti、Brunello di Montalcino等。

位於佛羅倫斯與西耶那之間的Chianti地區，人稱「黑雞之路」(公路SS222)，因為Chianti Classico所認證的酒在瓶身標有「黑雞」標誌，以免其他地區的酒商使用。在蜿蜒的山路旁，不時也會看到路邊豎立著「黑雞」的牌子，讓不小心闖入的遊客知道，現在你正走在黑雞之路喔！當然，這區的酒莊相當多，除了有取得Chianti認證的酒莊之外，還有一些不想加入認證的酒莊，堅持依照自己的釀製方式，釀造出令人回味無窮的好酒。所以除了一些享富盛名的酒莊之外，更有許多有待你來開發的好酒！

而Chianti能產出好酒，最主要是因為這區的地質及氣候相當適合種植Sangiovese葡萄。釀造葡萄酒主要有3種不同的葡萄種，分別是Sangiovese、Trebbiano及Canaiolo。其中以Sangiovese葡萄果香濃郁，且味道清新不澀，因此這樣的葡萄所釀製的酒特別香醇。19世紀時，有一位Bettino Ricasoli男爵，突發奇想地以70%的Sangiovese及其他兩種葡萄各15%，釀造出Chianti Classico葡萄酒，讓Chianti的美酒聞名天下。

Chianti的酒不但醇厚，還有多層次的果香味，喝上一口，不同的香味陣陣席捲而來。而這樣的好酒都要釀製10年以上。此外，瓶身上標有「Riserva」字樣的酒，表示這是釀製後又存放在酒桶內2~3年的酒，可說是陳年好酒。

最近幾年，一向擁有燦爛陽光與土質肥沃的西西里島，釀酒技術終於跟上了，近來所產的酒在義大利境內也越來越紅。另外，因為托斯卡尼地區並沒有很多較著名的白酒(最著名的是San Gimignano的白酒)，因此西西里及北義Veneto地區的白酒在托斯卡尼地區相當受重視。

Chianti的黑公雞標誌

除了酒本身令人回味無窮之外，托斯卡尼之旅還可安排參觀酒莊或入住酒莊民宿，不但有專人介紹酒的釀製過程及特色，還可享受義大利鄉野的靜謐之情。

義大利必買特產

紅色的地區代表DOC及DOCG所在地，其中以托斯卡尼地區最為密集

INFORMATION
義大利酒分為四等級

1.日常餐飲酒Vino da Tavola(V.D.T)

這個等級的葡萄酒，標籤上不需標明產地、年份等訊息，只需標示酒精含量及酒廠。很多小餐館會使用這種酒，大部分選酒都相當精彩。

2.地方餐酒級Indicazione Geograficha Tipica(I.G.T.)

這個等級的酒只是沒有按照嚴格的規定標示生產方式，其中也有很多便宜又好喝的葡萄酒。

3.法定產區級.Denominazione di Origine Controllata(D.O.C.)

用來釀酒的葡萄必須是某個特定產區核准種植的品種，且該葡萄酒的生產與製造過程須符合DOC的嚴格規定。

4.保證法定地區級Denominazione di Origne Controllata Garantita (D.O.C.G.)

從DOC級產區中再挑選出品質最優異的產品，也就是受到最嚴格的葡萄酒生產過程把關，為最高等級的葡萄酒。

INFORMATION
托斯卡尼腳踏車之旅

無法開車逛托斯卡尼的朋友，除了搭乘大眾運輸之外，還有另一種慢慢享受托斯卡尼風光的辦法，那就是參加當地旅行社辦的托斯卡尼單車之旅。

一日行程通常是早上10點在佛羅倫斯市區集合，小巴士接駁到鄉間，開始單車路線，將沿途橄欖園、葡萄園、托斯卡尼的丘陵風光、酒莊盡收眼底。之後有小巴士接回佛羅倫斯市區，約17:00結束行程。

一趟旅程，不但可好好欣賞這美麗的鄉野，還可品嘗美食美酒。

推薦旅行社：I Bike Tuscany

目前這家旅行社每天(冬天除外)都有托斯卡尼一日單車之旅的行程，包括佛羅倫斯到托斯卡尼地區的小巴士接送、20段變速單車、安全帽、水壺、午餐費用。很棒的是，行程中還包括參觀托斯卡尼當地的酒莊及免費品酒。

網址：www.ibiketuscany.com

Villa Mosconi-Bertani酒莊參觀

位於維諾娜郊區約15分鐘車程的Villa Mosconi-Bertani，為北義Veneto地區最重要的葡萄酒莊之一，主要生產這區最重要的Amarone及Valpolicella Classica酒(Valpolicella意為Valley of Cellars，酒窖之谷，為繼奇揚地Chianti之後，義大利境內最多DOC酒的生產地，主要以Corvina Veronese、Rondinella、Molinara這三種葡萄釀酒)。

Amarone是一種烈酒，但是Bertani處理葡萄的方式非常溫和，葡萄自然風乾，不強加壓榨，因此釀製出來的Amarone酒風味更為豐富、醇厚，酒入口後，一股特別的香氣環繞在唇齒間，相當迷人。

酒莊建築本身為18世紀的優雅別墅，曾為貴族家族居所，因此內部裝潢美輪美奐，散發著高雅的貴族氣息。一踏進大廳即可看到天花板上美麗的溼壁畫，2樓迴廊以典雅的雕像裝飾，轉進餐室則滿盈著富麗堂皇的氛圍，為最佳的品酒廳。

除了品酒外，還可走進酒莊的老酒窖，內有大大小小的酒桶，最大的老酒桶容量甚至高達3,300加侖。9月為最佳的拜訪季節，葡萄成熟時，看著工人辛勤地穿梭在園內採葡萄，美麗的後花園裡，黃葉、紅葉襯映在小湖中，最經典的北義酒莊體驗，盡在此了！

地址：Localita Novare, Arbizzano di Negrar
　　　37020 VR Italy
電話：(+39)045 602 0744
網址：www.mosconibertani.it
E-mail：booking@mosconibertani.it
交通：若沒有交通工具需訂車，可請當地導遊代訂，1小時約25歐元。(可聯繫Ms. Menegoi，Email: mmenegoi@gmail.com)

左圖：9月底、10月初參觀酒莊可看到這樣的葡萄採收景象 / 右上圖：還可進入老酒窖聞香 / 右下圖：小團體還可預約在這古典的酒莊餐室品酒用餐(以上圖片提供 / Villa Mosconi-Bertani)

義大利必買特產

INFORMATION
美酒推薦

以下圖片提供 / Villa Mosconi-Bertani

Bertani最著名的Amarone及其白酒與紅酒

Amarone，擁有豐富的野果及香料氣息，另還有股迷人的煙燻味

Lepia，呈金黃色澤，擁有豐富果香味的清爽夏酒

陳年古董酒

Osteria Ponte Pietra

參觀酒莊後，可回到茱麗葉的故鄉維諾納城逛逛，小城內也是精品名店雲集，還可在河濱的美麗餐廳用餐。Osteria Ponte Pietra餐廳就位於古老的Pietra橋邊，戶外座位區可盡覽河濱風光，同時還可享用維諾納特有的Amarone酒燉飯。

左圖：歐洲的雅緻風格盡在此了
中圖：戶外座位區可欣賞維諾納的河濱風光
右圖：以維諾納著名的Amarone酒料理的燉飯

咖啡Caffè

Choice：illy、Lavazza、Jolly Caffe
How：最暢銷的Lavazza咖啡，分為紅牌、金牌及黑牌包裝；illy Caffe，以瓶罐上的紅條、黑條、綠條來區分中焙、深焙及低咖啡因
Where：超市、雜貨店
Website：www.jollycaffe.com、www.illy.com、www.lavazzacafe.com

▶illy

1993年由illy家族創立於義大利東北部Trieste的illy Caffè，與Lavazza並列為最能代表義大利咖啡的國寶級品牌。除了堅持只採100%的高品質阿拉比卡咖啡豆之外，illy Caffe還秉持著推廣咖啡文化的使命感，積極成立咖啡大學，贊助各項藝文活動，像是威尼斯雙年展的機能設計咖啡櫃等，illy Caffè所做的努力，一直是大家關注的焦點。

此外，每年推出的限量咖啡杯，以往只送給使用illy Caffè的咖啡館，但由於收藏的人相當多，所以也推出各種極具設計感的咖啡杯組。

▶LAVAZZA

成立於西元1895年的LAVAZZA，由一家食品雜貨店，逐漸轉為咖啡專賣店。當時創業老闆Luigi Lavazza自己購買生豆，依照客人的喜好烘焙不同口味的咖啡。

Luigi在這方面好像特別有天分，自己慢慢了解各種烘焙技術，再加上一句成功的廣告詞「The more you drink it down, the more it pick you up」，將LAVAZZA推向全球。經過一百多年的發展，在義大利有47%的市場占有率，每年供應全球約140億杯咖啡。LAVAZZA已是全球第三大咖啡烘焙商，只要提到義大利咖啡，就會聯想到LAVAZZA這個品牌。

LAVAZZA成功的原因之一是，他們的咖啡豆都是經過嚴格篩選，由一群專業的咖啡調劑師到各地品嘗咖啡，並決定調合比例。而且LAVAZZA還有獨家的製造流程和烘焙方式，品質穩定。2006年推出LAVAZZA Blue系列，意為高品質咖啡的「頂級終結者」。

▶JOLLY CAFFE

雖然Jolly Caffe的品牌不如LAVAZZA跟illy咖啡那般有名，但是它的品質算是其中相當好的。

Jolly Caffe於1953年從佛羅倫斯開始營業，原本只是家咖啡館，後來咖啡豆也賣給托斯卡尼地區的其他咖啡館，慢慢拓展到歐洲其他各國。他們的咖啡幾乎都是以銷售給咖啡館為主，後來才開始在托斯卡尼地區的超市販賣Jolly Caffe的零售咖啡產品。

Jolly Caffe的咖啡豆之所以好，除了是選用最好的咖啡豆，自己調配之外，就是他們都是自

己烘焙咖啡豆的。而且一般品牌都只用4～8種豆子，他們卻有多達12種的豆子調配。更特別的是，每種豆子都分開來烘焙，因為他們認為不同豆子的質地不同，烘焙的時間跟溫度也應該不同，所以最好要分開來烘焙，而不像一般比較便宜的品牌，將所有豆子都放在一起烘焙。此外，他們在冷卻過程也特別講究，是用冷烘的方式，而不是過水冷卻。

Jolly Caffe除了賣咖啡豆/粉，還有咖啡教學課程。一般為期兩天，教導學員分辨咖啡的好壞、煮咖啡的專業技能與知識、如何選咖啡機、買咖啡豆、磨豆子。

OTHER THINGS ABOUT COFFEE
初探咖啡「義」世界

義大利咖啡機

Espresso(濃縮咖啡)，是非常典型的義大利象徵，一般講到葡萄酒，有些人還會想到法國，但是講到Espresso，肯定是義大利啦！這是因為濃縮咖啡機就是1903年時義大利人Bezzera發明的。

佛羅倫斯共和廣場上有Bialetti專賣店

1906年Bezzera發明後，幾家品牌開始大量生產，包括Gaggia、Faema、Marzocco、Cimbali，其中Gaggia後來也推出做Baby-gaggia，也是義大利最早開始做小型濃縮咖啡機的廠商。

一般義大利家庭都是用摩卡咖啡壺在家煮咖啡，其中最著名的當然就是Bialetti品牌。它的咖啡壺所採用的是最高級的鋁，生產過程也相當嚴謹，因此品質較有保障。

最近幾年也越來越多義大利家庭開始自己在家購置小型的咖啡機。咖啡機最重要的在於磨粉，磨出來的粉要大小均勻，否則香味跑不出來，咖啡煮出來也沒有咖啡奶泡。在超市買咖啡粉時要注意是Moka壺用的，還是Espresso濃縮咖啡。

麥茶咖啡Orzo

近幾年，幾乎所有義大利咖啡館都開始賣起麥茶咖啡。其實麥茶咖啡並沒有咖啡的成分，只是味道和顏色都類似咖啡而已。直接以麥茶包取代咖啡粉，讓喝咖啡睡不著覺的朋友也有適合的飲品。

咖啡館除了有類似濃縮咖啡的Caffe d'Orzo之外，還有麥茶卡布奇諾(Cappuccino d'Orzo)等。麥茶的甘香也是別有一番風味，不喝咖啡的朋友到義大利，照樣可以大方泡咖啡館。

義大利火腿Prosciutto

Choice：Culatello di Prosciutto前腿肉火腿(第2著名的火腿是東北義的San Daniele火腿)
How：正統的帕拿馬火腿烙有皇冠標記，經過帕拿馬火腿協會(Consorzio del Prosciutto di Parma)
檢測通過者印有「DOP」字樣
Where：帕拿馬、超市、食品雜貨店
Website：www.prosciuttodiparma.com

義大利生火腿Prosciutto常是這樣一腿腿的掛在店裡賣

Prosciutto原文是來自於拉丁文的「Perexsuc-
tum」，也就是「完全乾燥」的意思。因為義
大利火腿就是抹上鹽巴後，自然風乾與熟成。
此外，義大利火腿還分為Prosciutto Cotto及
Prosciutto Crudo兩種。前者是指熟的火腿，也就
是英文中的「Ham」，而後者為生的火腿，也就
是一般常講的「Parma Ham」(帕拿馬火腿)。為
什麼稱為Parma Ham呢？因為義大利火腿中，以
Parma這個城市所做出來的火腿最為正統。

瑰紅色的色澤，高品質的生火腿

做火腿的豬肉需要以大麥、粟米及做起司留下
的漿(帕拿馬的起司也是最正統的義大利起司)養
大的豬，而且只用9個月大、150公斤左右標準體
型的豬隻喔！此外，抹上的鹽巴，必須是天然海
鹽，這樣的味道才豐富、健康。鹽巴還分為濕鹽
與乾鹽，濕鹽是抹在表皮，而乾鹽則抹在肉的部

位。再者，火腿一定要放在10℃溫室中，才能在
最佳環境下吸收鹽分及保持肉質鮮度。期間還要
適時的按摩，讓肉裡的血水跑出來，且按壓時，
要小心不可讓骨頭斷了。

火腿醃好後，將鹽巴沖洗掉，接著掛上3個
月自然風乾，有些地方還會在風乾期間以木

義大利必買特產

只要走進雜貨店，就可以買到各種優質義大利食材

火腿

臘腸

美酒

起司

熟火腿

乾食蕈菇及乾番茄

頭煙燻，讓肉質吸收木質香(這樣的火腿稱為「Speck」)。最後還需要7個月放在地窖熟成。因此製成一條火腿，需要12～18個月的時間，傳統的火腿可是需要3年的時間！

正統的帕拿馬火腿可是有烙上皇冠標記，經過帕拿馬火腿協會(Consorzio del Prosciutto di Parma)嚴格把關的，通過檢測印有「DOP」字樣。其中又以作法繁複的前腿肉(Culatello)火腿最好。

當然，生火腿更是前菜的常客，將較不鹹的帕拿馬火腿薄片放在甜又多汁的哈密瓜上(托斯卡尼生火腿較鹹，不適合)，或者搭配葡萄酒或帕拿馬當地出產的Lambrusco汽泡酒，更增添其味覺層次。此外，生火腿或熟火腿也是披薩的主角之一，幾乎是每家披薩店必有的口味。

INFORMATION
選擇火腿的參考標準

義大利的火腿種類繁多，外銷最多的依序為：

 1. 生火腿 Prosciutto Crudo

　2. 臘腸 Salame

　3. 火腿 Mortadella

然而，義大利人最愛吃的順序卻有點不同，依序為：

 1. 熟火腿 Prosciutto Cotto

　2. 生火腿 Prosciutto Crudo

　3. 火腿 Mortadella

　4. 臘腸 Salame

義大利臘腸Salame

Choice：義大利臘腸Salame、義大利生火腿 Prosciutto Crudo、義大利熟火腿Prosciutto Cotto、義大利火腿Mortadella、茴香臘腸Finocchiona
How：好的臘腸要按下去硬硬的、有扎實感，不會軟趴趴的
Where：食品雜貨店、超市

茴香臘腸
Finocchiona

義大利生火腿
Prosciutto Crudo

義大利熟火腿
Prosciutto Cotto

「Sei proprio un salame」(你真是一條臘腸)，這是一句很好玩的義大利話，意思是指一個人個性散漫，跟什麼人都好，也什麼話都信。因為義大利以前習慣12月殺豬，將剩肉拿來做義大利臘腸，所以義大利臘腸其實是用各種不同的剩肉做成的，將各部位的豬肉集結在一起、綁成一條。

要怎麼分辨臘腸的好壞呢？可以試著按壓臘腸。好的臘腸要按下去硬硬的、有扎實感，不會軟趴趴的。義大利每一區所做的臘腸口味也不盡相同。米蘭地區的豬油碎碎小小的，托斯卡尼的豬油部分是粉紅色、也較大塊，這也是義大利最普遍可見的兩種臘腸。

一般臘腸必備的成分包括胡椒粉、香草、鹽、豬油，肉則分為野豬肉或鹿肉，香料方面依各區習慣而定，包括茴香、起司、高麗菜、辣椒、蒜頭、酒等。將肉跟香料放入腸子裡，蒸熟後自然風乾。至於判斷臘腸什麼時候好了、可以吃了，完全要看經驗。要試著壓壓臘腸，軟硬度剛剛好，不會太乾，也不會太濕。

在這些臘腸中，尤其想推薦托斯卡尼地區最受歡迎的茴香臘腸(Finocchiona)。在托斯卡尼前菜中，這幾乎是一定會看到的食材。它的名字直接以臘腸的主要成分──「茴香」命名，而且只採用山林間的野生茴香。也因為這重要的成分，讓這臘腸的風味獨樹一格，咀嚼之後，那風味真是在口中久久徘徊不去啊！

義大利臘腸Salame

茴香臘腸Finocchiona

義大利火腿Mortadella

菜市場大啖義大利鮮蔬果

特殊必嘗的蔬果

逛義大利市場當然是義大利行程中必排的行程之一，義大利人最真摯的生活型態盡在此了。讓我們來看看義大利有什麼特殊必嘗的蔬果：

朝鮮薊 Carciofi

可水煮或放在披薩上烤。

節瓜 Zucchini

水煮及加上橄欖油烤均好吃，節瓜花可沾麵粉酥炸。

栗子 Castagna

秋季盛產香甜的烤栗子。

哈密瓜 Melone

義大利的哈密瓜汁多又甜，也適合跟帕拿馬森火腿搭配當前菜吃。

無花果 Fichi

夏季盛產，有兩種新鮮無花果，通常綠色比黑褐色甜。

莓類 Berry

各種紅莓、藍莓及黑莓，也是義大利必嘗水果。

杏仁 Mandorlo

西西里是杏仁品質最好的產地之一。

西瓜 Cocomero

7～8月盛產，在義大利很難選到不甜的。

味道鮮明的生菜沙拉

義大利氣候好，每種生菜都有其鮮明的味道。義大利人食用沙拉通常只加橄欖油及葡萄醋，非常健康。常見的沙拉菜有：黃瓜(Cetrioli)、番茄(Pomodoro)、萵苣(Lattuga)、芝麻葉(Rucola)、小紅蘿蔔(Carota)、茴香(Finocchio)、紫菊苣(radicchio rosso)，另也可加水煮甜菜根。

適合各種料理的香料

在義大利上市場買菜時，老闆通常會問你要不要料理用的香菜，通常會有這幾種：鼠尾草(Salvia)、迷迭香(Rosmarino)、小洋蔥(Cipolla)、小蘿蔔(Carota)、芹菜(Sedano)。此外也可購買整株的奧勒岡(Origano)，適合烹煮各種料理的香料。

義大利生菜的味道都很鮮明　　　超市裡琳琅滿目的新鮮蔬果　　　羅馬花之廣場早上市集

起司Formaggio

Choice：Parmigiano Reggiano
How：印有「DOP」檢測標示及標明日期者
Where：帕拿馬、超市、雜貨店
Website：www.parmigiano-reggiano.it

　　雖然東方人的體質不見得都適合吃起司，不過起司可是義大利美食中的重要角色，無論是前菜、義大利麵、披薩或任何料理，幾乎都用得到起司。而喝葡萄酒時，配上適當的起司，更增添葡萄酒的風味。義大利小朋友還喜歡拿著蜂蜜淋在新鮮的Ricotta起司當點心吃。

硬起司

　　義大利最著名的帕瑪森起司(Parmigiano Reggiano)，通常要14個月～2年的熟成時間，好的起司更是需要3年以上。這裡出產的起司都要經過身分驗證(DOP檢驗)，通過檢驗的起司，會清楚標明生產日期。台灣進口的帕瑪森起司要價不菲，喜歡起司的人，可以從義大利多帶些回國。

半硬質的起司

　　最著名的為北義的貝爾帕耶斯(Bel Paese)，外殼雖較硬，但內部的起司卻是香濃、滑順的軟起司。適合直接抹在較硬麵包或餅乾上吃，另外也很適合配上清涼的啤酒或葡萄酒喔！

義大利必買特產

軟起司

莫札瑞拉(Mozzarella)常見於義大利三明治內,或者做成簡單又好吃的番茄起司前菜。另一種是口感較綿密的瑞可塔(Ricotta),清爽的味道,很適合與香草、大蒜或果醬食用。鹹的瑞可塔(Ricotta Salata),可刨絲撒在義大利麵上。最後一種,喜愛吃提拉米蘇的人應該都很熟悉它的味道——瑪斯卡彭內(Mascarpone)全脂起司,香濃的牛奶味,口感綿密、順滑。

藍起司

北義大利的戈爾根佐拉(Gorgonzola)是世界三大藍起司之一(法國的Roquefort、義大利的Gorgonzola及英國的Stilton)。在製造過程中將青黴的孢子灑在凝固的牛奶上,再用針刺成小孔,讓它能與空氣接觸,慢慢與起司凝結在一起,形成美麗的藍紋。

煙燻起司

Pecorino Nero,將樹的灰燼跟橄欖油脂蓋在起司上面,放在地洞內熟成。這種起司有一種獨特的香味,所以也有人直接當甜點吃,配上一點蜂蜜(栗子花蜜Castagno最適合)或者橘子醬就很好吃了。也可以飯後來一點Vin Santo這種淡酒,配上Pecorino Nero起司後,更能引出起司的風味。

義大利海鹽Sea Salt

Choice:最頂級的Sale Camillona或西西里的Trapani海鹽
How:嘗起來不會澀的海鹽
Where:除了雜貨店、高級食品店及超市之外,有機商店也是購買海鹽的好地方

天然海鹽也是義大利的特產之一,其中最頂級的應該是產於Cervia海域的Sale Camillona。這種鹽巴吃起來特別不澀,所以常用在巧克力料理中,教皇吃的就是這種海鹽。不過這種海鹽的製造方式比較繁複,所以最近產量很少,因此價格相當昂貴。

想要以較便宜的價位購買健康天然的海鹽,也可以選購西西里島Trapani海域所產的海鹽,這種海鹽也富含各種天然礦物質,不像精製鹽只剩下氯化鈉而已。

蜂蜜Miele

Choice：Nomade蜂蜜
How：標有「Biologico」字樣
Where：超市、雜貨店、蜂蜜農莊

　　義大利人對蜂蜜的品質相當講究，因為蜂蜜擁有天然糖分，維他命跟礦物質、酵素等，比一般的精製糖豐富許多。而義大利的蜂蜜種類這麼多，要怎麼選擇呢？

1.可以選擇有機蜂蜜

　　也就是標有「Biologico」字樣的，因為這樣的蜂蜜最為天然，沒有任何人工添加物，而且蜜蜂採的花也不可以噴灑農藥。如果是標為某一種花的蜂蜜，這罐蜂蜜中該種花的蜜要超過某個百分比以上(較不普遍的花約要30～40%，較普遍的則要90%以上)。當然，有機蜂蜜是不可以放精油或任何人工加味。最近很流行的草莓口味蜂蜜，但是草莓的花是無法採蜜的，所以這種口味的蜂蜜應該就是人工加味的。

2.Nomade的蜂蜜

　　這種蜂蜜算是最好的，目前在義大利並沒有很多人在做(時間與成本都較高)。因為這種蜂蜜是必須要帶著蜜蜂到處跑，將牠們帶到不同的地方採花粉，過一些時間後再回去把蜜蜂帶回家，或者換地點採蜜。

　　此外，若有機會到農場購買蜂蜜，建議購買蜂膠(Propoli)。因為大部分農莊自製的蜂膠品質較好。一般商業的約放20%的蜂膠，但是這樣的效果其實是不夠的，真正有效至少需要30%。

INFORMATION
推薦農場

Poggio del Miglio

　　這家農場位於Orvieto附近(羅馬與佛羅倫斯之間的溫布里亞省)，也提供農莊住宿。

地址：Umbria, I-05013 Castelgiorgio (TR)
電話：(0763)627-449 傳真：(0763)627-449
網址：www.poggiodelmiglio.de
交通方式：由Orvieto轉搭計程車
※五鄉地國家公園的蜂蜜也很優質

INFORMATION
蜂蜜種類購買清單

洋槐花蜜(Acacia)、向日葵蜜(Girasole)
Flavor：最為普遍，味道也較淡。
Use：適合放在蛋糕或烹調上，比較不會蓋過原食材的味道。
Good：永遠都不會凝結，很方便使用(有機蜂蜜一般都煮過，比較不會凝結)。

百花蜜(Millefiori)
Flavor：各種花的蜜，花香味較重，不過較容易凝結。
Use：一般用在麵包或起司上面，較少用在烹調上，因為使用上比較不方便。

栗子花蜜(Castagno)
Flavor：味道甘甜。
Use：放在烤麵包上味道最好。

熊果花蜜(Corbezzolo)
Sardegna特產，也是最貴的蜂蜜，250cc就需要10歐元(一般蜂蜜約500cc約6歐元)。
Flavor：味道甘苦。
Use：適合煮肉或淋在起司、冰淇淋上。

尤加利花蜜(Eucalipto)
Use：有點涼涼的，最適合感冒時泡茶用。

椴樹蜜(Tiglio)
Use：有鎮定作用，晚上睡不著可以泡水喝。

西洋蒲公英蜜(Tarassaco)
Use：減肥時可以食用，對肝臟很好。

柑橙蜜(Arancio)
Use：西西里的柑橘很棒，所以這是義大利最有名的一種蜂蜜。適合感冒時食用。

Start Shopping

羅馬·佛羅倫斯·米蘭·威尼斯

義大利
四大購物名城

Roma

羅馬

　　雖然義大利有流行之都米蘭，但身為首都的羅馬，在購物方面可一點也不遜色。除了世界各大精品名牌都不忘在羅馬殺出一片天外，古都的藝術品與古董，也是令人挖寶挖到手軟。

　　此外，接近南義的羅馬人，那股令人無法擋的熱情，讓市區各角落的羅馬市集，充滿多采多姿的生命力、響遍天下的叫賣聲！

羅馬購物地圖

越台伯河區

越台伯河區就像是羅馬城內自成一格的小村莊,可找到許多淳樸又有趣的小店。主要購物街道為Viale Trastevere與越台伯河聖母教堂之間的街區。週日有時在河邊的小廣場上也有市集。著名的Porta Portese市集也在此。

前往方式:可搭44、75、780、H號公車,或3、8號電車到Viale Trastevere站下車

特米尼火車站區

靠近特米尼火車站的Via Nazionale有較平價的服飾、鞋子和日常生活用品店。而火車站與主聖母大教堂之間的街區,像是Via Napoleone III等,有許多販售便宜貨品的中國商店及異國商品店。

前往方式:搭地鐵A/B線到Termini站,可到火車站與主聖母瑪利亞大教堂之間的街區;搭地鐵A線到Repubblica站可前往Via Nazionale

梵蒂岡城區

Via del Corso街上的商品都可在梵蒂岡城外的Via Cola di Rienzo找到,這個街區林立各種中上價位的商品,像是西班牙的Mango,義大利的Furla、Coin百貨公司及Diesel等,都可在此找到。此外,這個街區也較為寬敞,也有許多家咖啡館及高級雜貨店,較能享受悠閒的逛街氣氛。

前往方式:搭地鐵A線到Ottaviano站,沿Via Ottaviano直走,到Piazza del Risorgimento(停靠許多電車、公車的廣場)左轉,可接Via Cola di Rienzo

花之廣場及那佛納廣場區

這是羅馬市區較為特別的老街區,有許多特色小店及二手商店。Ponte Sisto到Campo de' Fiori之間為珠寶街區;Campo de' Fiori廣場四周的Via dei Banchi Vecchi及那佛納廣場附近的Via dei Banchi Nuovi及Via del Governo Vecchio有許多特色小店;羅馬最有趣的街區Via dei Giubbonari可找到平價商品;那佛納廣場附近的Via Coronari為最著名的古董街。

前往方式:可搭小公車116穿梭在這區的小路;或由Termini火車站搭9、40、62、64電車或公車到Argentina站下車

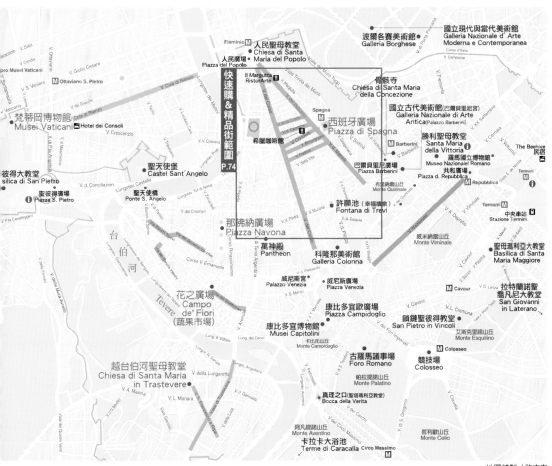

波爾各賽美術館
Galleria Borghese

國立現代與當代美術館
Galleria Nazionale d'Arte
Moderna e Contemporanea

人民聖母教堂
Chiesa di Santa
Maria del Popolo

人民廣場
Piazza del Popolo

Il Margutta
RistorArte

骨骸寺
Chiesa di Santa Maria
della Concezione

快速購&精品街範圍

國立古代美術館(巴爾貝里尼宮)
Galleria Nazionale di Arte
Antica(Palazzo Barberini)

西班牙廣場
Piazza di Spagna

勝利聖母教堂
Santa Maria
della Vittoria

希臘咖啡館

梵蒂岡博物館
Musei Vaticani

Hotel dei Consoli

巴爾貝里尼廣場
Piazza Barberini

羅馬國立博物館
Museo Nazionale Romano

共和廣場
Piazza d. Repubblica

The Beehive
民宿

聖天使堡
Castel Sant'Angelo

P.74

彼得大教堂
silica di San Pietro

聖彼得廣場
Piazza S. Pietro

聖天使橋
Ponte S. Angelo

許願池(幸福噴泉)
Fontana di Trevi

中央車站
Stazione Termini

那弗納廣場
Piazza Navona

萬神殿
Pantheon

科隆那美術館
Galleria Colonna

台伯河

花之廣場
Campo
de' Fiori
(蔬果市場)

威尼斯宮
Palazzo Venezia

威尼斯廣場
Piazza Venezia

康比多宜歐廣場
Piazza Campidoglio

Cavour

聖母瑪利亞大教堂
Basilica di Santa
Maria Maggiore

拉特蘭諾聖
喬凡尼大教堂
San Giovanni
in Laterano

康比多宜博物館
Musei Capitolini

鎖鏈聖彼得教堂
San Pietro in Vincoli

越台伯河聖母教堂
Chiesa di Santa Maria
in Trastevere

古羅馬議事場
Foro Romano

競技場
Colosseo

真理之口(聖塔瑪利亞教堂)
Bocca della Verita

卡拉卡大浴池
Terme di Caracalla

地圖繪製/許志忠

西班牙廣場區

　　這區是羅馬古城中心，也是主要購物商圈。所有義大利的平價品牌都可在威尼斯廣場前那長長的Via del Corso找到(從威尼斯廣場延伸到人民廣場)；而西班牙廣場前的Via dei Condotti、及其交叉的Via del Babuino、Via Borgognona則是精品林立的高級精品街區；西班牙廣場旁的Via Margutta街上，有許多高級古董藝品店，是這區最有氣質的一條小街道。

前往方式：搭地鐵A線到Spagna站，可到西班牙廣場；搭地鐵A線到Barberini站，往Via del Tritone連結Barberini廣場與西班牙廣場；搭地鐵A線到Flaminio站，可到Piazza del Popolo，由Via Babuino連結人民廣場與西班牙廣場；或搭64號公車到威尼斯廣場前的Via del Corso，由威尼斯廣場開始逛，終抵人民廣場

羅馬45分鐘快速購

精品街Via dei Condotti購物地圖

羅馬購物去

特·色·商·店

Fabriano文具店

Special：筆記本、百年紀念手工紙、紙製飾品
Where：西班牙廣場附近
Credit Card：YES
Website：www.fabrianoboutique.com

地址：Via Del Babuino 173
電話：(06)3260-0361
時間：週一12:00～19:30，週二～六10:00～19:30
休息：週日及週一早上
交通：由西班牙廣場右轉Via Babuino步行約5分鐘

以紙創作的櫥窗

1264年創業的老紙店——Fabriano，來自義大利最早的造紙重鎮——Ancona的Fabriano鎮。1340年之後，開始在北義設廠，專門造紙來供應北義及德國用紙。

幾百年來，Fabriano一直以最謹慎的態度造紙，至今仍以古老的造紙技術生產手工

Fabriano的畫紙是許多藝術家的指定用紙

紙，因此Fabriano的紙質，一直受到許多藝術家的喜愛，彷彿用他們的紙能完整呈現出作品的生命力。

近年來除了繼續生產高品質的手工紙外，還積極拓展新的紙製相關產品，像是色彩及設計都相當令人讚賞的相框、相本等，不過最令人佩服的是，Fabriano還以紙編製成許多精美的飾品，像是項鍊、手飾等，令高級紙的創造力更上一層樓！

月曆
精美、平價又有紀念價值的月曆是許多遊客的最愛。

紀念品
各種以羅馬景點製成的磁鐵、杯子、煙灰缸、扇子、鉛筆等。

T-Shirt
以當地景點或著名地標所設計的紀念T-Shirt。

羅馬這家店內有許多令人愛不釋手的筆記本、相本及小文具，產品相當豐富。如果想要嘗試Fabriano各種不同紙感的紙，推薦購買七彩套裝筆記本，每本的紙質都不一樣，可以依自己的喜好使用。另外，也推薦百年紀念手工紙(價位約3.5～35歐元)。

店內以紙製品布置，充分發揮紙的創造力

古董
這古老的城市，留下各式各樣的古董、古玩。

Ai Monasteri修道院雜貨藥妝店

Special：天然皂、精油及藥妝
Where：位於那佛納廣場與萬神殿之間
Credit Card：YES
Website：www.monasteri.it

地址：Corso Rinascimento 72
電話：(06)6880-2783
時間：10:00〜13:00，15:00〜19:30
休息：週四
交通：由西班牙廣場右轉Via Babuino步行約5分鐘

義大利全國各地的修道院都自給自足的種了許多花草，並依照百年來精心研究的方法，調配出最天然、也最具療效的產品。

位於那佛納廣場附近的店面

而羅馬這家自1892年創立的老店，收集了義大利各修道院精製的食品及藥妝，而且堅持只有遵照古法製造的產品才會出現在這家店內。

除了最受歡迎的保養品、清潔用品、香精油之外，還有許多高級橄欖油、葡萄酒、香草茶、蜂蜜、巧克力、杏仁餅乾、紅酒醋等。由於這些產品都是經年的經驗與知識累積製造而成，所以品質都相當精緻。同一條街上還可找到來自佛羅倫斯修道院的Santa Maria Novella專賣店(請參見P.88)。

店內的化妝保養品、香皂，都是各個修道院以天然花草製成

L'Artigianato設計雜貨店

地址：Piazza Navona, 84
電話：(06)6874-476
網址：artigianato-italia.it
交通：就位於那佛納廣場上，四河噴泉對面

幾乎所有遊客想要購買的義大利製造，這裡都可買到。從食品到著名的設計雜貨、摩卡壺、精緻的西洋棋、瓷器等，均可在此一次購齊。

Bialetti摩卡壺及咖啡杯組

Alessi摩卡壺

義大利食品

RED la Feltrinelli
書店餐廳

地址：Via del Corso 506
電話：(06)3612-370
網址：www.lafeltrinelli.it

RED是義大利知名書局Feltrinelli，於2012年7月最新開幕的概念書店。名字取自閱讀、飲食、夢想(Read, Eat, Dream)，也是這個空間的主軸。書店的部分陳列出各種書籍，並放著舒適的沙發及iPad，讓讀者在此安心選書、做夢；後面的區域則以料理書籍爲主，並選出義大利頂級食品，還設有人文咖啡館及餐廳，早上可到此享用早餐，傍晚則可過來這裡的戶外庭院來杯餐前酒，另也供應午餐及晚餐。

復古海報
以羅馬相關的老電影海報或主題訴求的海報，也是隨處可見的羅馬紀念品。

彩蛋
依復活節習俗所繪製的各種精美彩蛋，算是天主教國家的特色商品。

ZARA Home

地址：via Cola di Rienzo 225
電話：(06)3260-9280
網址：www.zarahome.com

ZARA雖已進軍台灣，不過義大利的款式仍然較多，遊客購買超過155歐元還可退稅，因此還是很值得逛。除了女裝及男裝外，童裝的部分更是令人驚豔。此外，歐洲地區還有ZARA Home，也就是ZARA的居家品牌店，所有設計都呈現在天然、溫款的色系中，充滿手工藝的精巧細緻。雖然價格不算太便宜，但是各種枕套、居家服飾、童裝、玩具、餐具，仍讓人逛得不亦樂乎。

磁鐵
梵蒂岡城的書店及小攤販可買到與羅馬相關的紀念磁鐵。

手繪盤子
精美的手繪木盤，也讓人愛不釋手！

Castroni國際雜貨店

地址：Via Cola di Rienzo
電話：(06)6874-651
網址：www.castroni.it

　　高級食品雜貨店中，規模最大的應屬Castroni，共有十多家分店。在梵蒂岡城外Via Cola di Rienzo是Castroni的旗艦店，Via Nazionale靠近共和廣場Piazza Repubblica還有一家分店。各種義大利及異國食材均可在此買到，如松露、海鹽、烏魚子、鰻魚罐頭、義大利麵醬、巧克力、自家烘培的咖啡豆等。早上也可過來品嚐咖啡、享用早餐。

羅馬著名的高級食品店Castroni

琳瑯滿目的糖果、咖啡豆

復古磁鐵

各種上等醬料、鰻魚罐頭

當然也可買到各種頂級橄欖油

Franchi食品雜貨店

地址：Via Cola di Rienzo 204
電話：(06)6874-651
網址：www.franchi.it
交通：由聖彼得大教堂步行約10分鐘

　　就位於Castroni不遠處，除了頂級食材外，如松露、酒醋、燻鮭魚外，還相當推薦Franchi所精選的起司。另也供應各種道地又精緻的義大利熟食料理，中午可過來簡單用餐。

Subdued服飾店

Special：服飾約12～100歐元
Where：位於西班牙廣場附近
Credit Card：YES
Website：www.subdued.it

地址：Via Laurina 37(西班牙廣場旁Via
　　　Babbuino附近)
暢貨中心：Via Lucrezio Caro 87
電話：(06)3600-3094
時間：週一～六10:00～20:00，週日
　　　10:30～20:00
休息：無
交通：搭地鐵A線到Spagna站或Flaminio
　　　站，步行約5分鐘

自1992年創立至今，Subdued可說是這個領域中發展較早、也穩健成長的品牌，目前也已進軍米蘭。設計主軸為簡單、清新，並致力於布料的研究，因此服飾中有許多甜美又乾淨的設計，另也依照青少年的生活習慣推出許多休閒款式。舒適的剪裁與材質、合理的價位，深受義大利青少年的喜愛。

Brandy & Melville

Special：棉質上衣、包包及外套
Where：梵蒂岡城外
Credit Card：YES
Website：www.brandymelville.com

地址：Via Cola di Rienzo 136A
時間：週一15:30～19:30，週二～五
　　　11:30～19:30，週六10:30～19:30
休息：週日及週一早上
交通：搭地鐵B線到Lepanto站，往Via
　　　Enzio直走到Via Cola di Rienzo即
　　　可看到

新崛起的青少年服飾品牌，店面設計很能吸引青少年的目光，充滿健康的青春氣息。服飾以舒適及各種柔色調的棉質衣服為主，基本的內搭服飾選擇相當多。另也有不錯的牛仔褲及外套，每季的款式都呈現出不俗的流行感。除了衣服之外，還包括內衣、飾品、包包等，幾乎是包辦了一位時尚青年的所有行頭。

百・貨・商・場

La Rinascente百貨公司

Special：Cocinelle等中上價位且品質佳的皮件、服飾、化妝品及家用品
Where：西班牙廣場附近
Credit Card：YES
Website：www.rinascente.it

　　La Rinascente百貨公司在羅馬現在規模雖然變小了，不過仍可找到一些中上價位且品質佳的皮件、化妝品。如果不想購買高價位的精品，只想要品質較好的商品，這裡算是不錯的選擇。

Coin百貨公司

Special：皮包、配件、男女服飾、童裝、生活雜貨
Where：梵蒂岡城外
Credit Card：YES
Website：www.coin.it

地址：Via Cola di Rienzo 173
時間：週一～六10:00～20:00，週日10:30～20:00
休息：無
交通：由Piazza Risorgimento接Via Cola di Rienzo，
　　　往河邊方向直走約7分鐘

　　Coin應該算是中產階級較喜愛的連鎖百貨公司
(在各大城市都可找到)，設在羅馬的點，也選在最
具中產階級風味的Via Cola di Rienzo街上。店內共
有3層樓及地下室，售有皮包、配件、男女服飾、
童裝、生活雜貨。雖然不是最頂級的大品牌，但品
質都還不錯。

暢·貨·中·心

Discount dell'Alta Mode

Special：幾乎各大精品名牌的服飾都可在此找到
Discount：大部分商品下到3～5折
Where：位於人民廣場(Piazza del Popolo)與西班牙廣
場(Piazza di Spagna)間的小巷道
Credit Card：YES
Website：NO

地址：Via Gesù e Maria 14 & 16

許多名牌商品在這
裡只要3～5折的價
錢就可買到了

　　這家算是羅馬古城區最著名的Outlet，就位於
人民廣場與西班牙廣場間的小巷道。共有兩間店
面，一邊是男裝，另一邊則是女裝。幾乎各大精
品品牌都可在此找到，最受歡迎的包括Armani
的上衣及西裝外套、Prada的服飾及包包、
Moschino的絲巾、Fendi的鞋等。另還有一些太
陽眼鏡、皮件等配件。大部分商品下到3～5折。
不過，有時新貨被搶購光時，店內就沒有什麼優
質商品，可遇不可求。

男裝部有許多不
錯的西裝與襯衫

Castel Romano Outlet

Special：知名精品、配件、鞋、童裝、家具，及美國知名運動品牌
Discount：商品約為3～7折
Where：郊區
Credit Card：YES
Website：castelromano.mcarthurglen.it

Outlet集團McArthur Glen在羅馬設立的暢貨城，共有100多間商店，包括服飾、配件、鞋、童裝、家具等。知名品牌有Salvatore Ferragamo、Burberry、Frette、Twin-Set、CK、Geox、Patrizia Pepe、Boggi、Stefanel、Camper、Fratelli Rossetti、Liu Jo、Mandarina Duck、La Perla、Dolce & Gabbana、Diesel等；另外還有一些美國的知名運動品牌，像是Adidas、Nike、Puma、Reebok。所有商品都約為3～7折。現也有接駁巴士，交通比以往便利許多。

地址：Via del Ponte di Piscina Cupa 64
電話：(06)5050-050
時間：週一～四10:00～20:00，週五～日10:00～21:00
交通：

1. 羅馬市區可從兩個地方搭接駁巴士，分別是Via Marsala(Termini火車站旁)，去程時間為10:00、12:30、15:00，回程時間為11:15、13:45、17:00、20:00；或梵蒂岡城附近的Piazza Risorgimento，去程時間為09:30、12:00、14:30，回程時間為10:45、13:30、17:00、20:00。來回車票為13歐元，14～18歲8歐元，14歲以下免費。詢問電話：(06)2283-957

2. 若住在羅馬，也可預訂到旅館接送的小巴，早上行程是09:30由旅館出發，15:30回羅馬市區；下午團是12:30由旅館出發，18:30回羅馬。來回票為29歐元，可請旅館櫃檯撥打此電話預訂：(06)3735-0810或(329)4317-686

3. 自行開車者，若由Rome fiumicino機場出發，開上Grande raccordo anulare(G.R.A.)高速公路(拿坡里Napoli方向)，依Pontina的指標接到Pomezia的26號公路，再開約13公里，可看到Castel Romano的交流道。一下交流道右轉，到Pontina就可看到右手邊的「MC Arthur Glen」標示

餐‧廳‧推‧薦

Bibli書店餐館

地址：Via dei Fienaroli, 28
電話：(06)5814-534
時間：週一17:30～00:00，週二～週日11:00～00:00
網址：www.bibli.it

位於越台伯河區的小巷道內，外牆爬滿綠葉，完全看不出來這是家別有洞天的書店。走進小小的門後，再往裡走，就會看到擺滿美味餐點的Buffet。原來這家書店還兼營餐廳，讓客人坐在書牆間用餐。週日早午餐尤其豐富，週六也提供mini Brunch，平日中餐約有12～30種的簡便餐點，下午則可過來想用自家烘培的甜點，晚上也可在古典音樂的陪伴下享用自助餐點。

Osteria Margutta

地址：Via Margutta, 82
電話：(06)3231-025
時間：午餐12:30～15:00，晚餐19:30～24:00
網址：www.osteriamargutta.it

位於西班牙廣場旁最迷人的Via Margutta街上，這裡也是羅馬假期劇情中，瀟灑記者所居住的街巷。外牆掛滿綠藤的優雅餐廳，內部則以老劇場為布置主軸，播放爵士樂，是羅馬最浪漫的用餐地點之一。每週二、五、六還以海鮮料理為主。

羅馬購物市集

Forno Campo de' Fiori
WHEN：07:30～14:30, 16:45～20:00

　　羅馬最著名的烤餅店，就位於歡樂滿分的花之廣場角落。其中最推薦原味的Schiacciata烤餅，若有機會跟著當地人站在櫃檯前，等著剛出爐、熱騰騰的烤餅，那可真是太幸運了！除了原味烤餅外，還有節瓜起司烤餅、番茄烤餅等不同口味。

地址：Campo De' Fiori, 22
電話：(06)6880-6662
網址：www.fornocampodefiori.com

Campo de'Fiori蔬果市場
WHEN：週一～六07:00～13:30

　　羅馬最著名的花之廣場蔬果市場，每天早上都有熱鬧的市集。廣場上也有好幾家咖啡館及餐廳，周邊巷道內還有許多特色小店，這區是體驗羅馬活力的最佳地點。

Let's Go：搭公車116號到市場旁下車，或由Termini火車站搭公車64號在Vittorio Emanuele II街下車。

Mercatino Biologico有機市集
WHEN：週日上午(7～8月除外)

　　羅馬市區的有機市集，販售各種有機食品、生活用品、雜貨。

Let's Go：搭公車116號到Via Giullia下車，位在Vicolo della Moretta(Campo dei Fiori廣場旁)。

Porta Portese古董市場
WHEN：週日06:30～13:30

　　每週日在越台伯河區長達2公里的Porta Portese城門前，有著熱鬧的古董市場。這裡除了古董攤位之外，最吸引羅馬市民的還是那些便宜的家用品、服飾、生活用品攤。因此假日時，總是全家大小出動，到此撿便宜。

Let's Go：由Termini火車站搭公車75號前往，約20分鐘。入口在Via Porta Portese及Via Ippolito Nievo。

Firenze
佛羅倫斯

　　佛羅倫斯古城區範圍較小，雖然國際精品不如米蘭多，不過義大利品牌及知名精品在此也都設有分店。小小的城區，購買各種商品也很方便。此外，這區盛產各種義大利高級食品及皮件，因此也是許多遊客鎖定的重要購物品。

佛羅倫斯購物地圖

Via Della Vigna Nuova

　　小小的巷道，卻有Gucci、Liu Jo、Furla等精品商店。

前往方式：由共和廣場直走約3分鐘

Ponte Vecchio舊橋

　　金飾店林立，有各種金飾、銀飾品及精品飾品，傍晚時還有街頭藝人表演。

前往方式：由共和廣場步行約3分鐘

Via Strozzi

　　可找到Fendi、LV、Bottega Venetta、Dolce & Gabbana、Manila Grace及法拉利等。

前往方式：由共和廣場穿過拱門

Via de' Tornabuoni

　　古典建築林立的精品街，可找到全球著名的精品店，包括Prada、Celine、Dior、Cavalli、Tod's、Salvatore Ferragamo總部、Gucci、Cartier、Tiffany等。

前往方式：主教堂與舊橋之間的街道

Via Dei Calzaiuoli

　　由主教堂廣場連接到市政廳廣場(Piazza Signoria)上的長街道，有許多中上價位的商店，包括Furla及中價位品牌雲集的百貨公司。

前往方式：主教堂與舊市政廳之間的街道

Via Roma / Via Calimala

　　由主教堂到共和廣場(Piazza Repubblica)，經野豬市集(Piazza Davanzati)，最終到舊橋的長街道，路上有ZARA、Liu Jo、H&M、Mandarina Duck、Twin Set品牌。

前往方式：由共和廣場穿過拱門直走約2分鐘

Ostello Archi Rossi
青年旅館

Lazzi
巴士站

聖馬可修道院

Piazza
S. Marco

聖馬可廣場

學院美術館

Stazione
Centrale F.S.
S.M. Novelle

SITA
巴士站

Chiti
Annibal
牛肚攤

中央市場

Nerbone

Trattoria Mario

Piazza S.
Annunziata

S.M.N.
老藥房

Piazza
della Stazione

Garabe'

Piazza
S. Lorenzo

麥迪奇宮

新聖母教堂

麥迪奇家族禮拜堂

聖羅倫佐教堂

Gilardini 老鞋店

Piazza
Santa Maria
Novella

Benetton

Biffoli

Duomo
百花聖母大教堂

V. de' Cerretani

Piazza di
S. Giovanni

Piazza del Duomo

Grom

Pegna

共和廣場

La Rinascente

Il Corso

De Herbere
藥妝店

Contro Luce

Zara

Coin

市區退稅處

Salvatore
Fergamo

野豬市集

H&M

Pineider

The
Bridge

市區退稅處

舊宮

領主廣場

Gucci博物館

Acqua Al 2

Piazza
Santa Croce

聖十字教堂

Vivanda

聖靈教堂
有機市場

Piazza
S. Splrito

舊橋

烏菲茲美術館

Torrigianii
公園

Piazza
de Pitti

Palazzo Pitti
彼提宮

波波里花園

米開朗基羅廣場

- ● 景點 ● 商店
- ○ 餐廳 ● 旅館

Via Del Corso

Via del Corso可找到許多較有特色的商店或獨立設計師商品。

前往方式:由主教堂步行約3分鐘

Via dei Cerretani

由火車站延伸到主教堂,沿路有Goldenpoint、Upim、Promod、班尼頓等平價品牌。

佛羅倫斯45分鐘快速購

　　由於跟團的朋友自由逛街的時間較少，而佛羅倫斯算是四大城市中，市中心範圍較小的城市，比較有可能在短時間內採購不同的東西；再加上托斯卡尼地區有許多優質的義大利特產，建議可以利用停留在佛羅倫斯的時間一次購足。以下簡圖列出哪裡可以購買到義大利不可不買的東西。

中央市場
Mercato Centrale

Chiti Annibali電器雜貨店：平價及知名廚具、咖啡機(包括Alessi及摩卡壺，可退稅)

● Armani

起司、葡萄酒
酒醋、臘肉、乾貨

義大利平價紀念品

V. dell'Arento

V. Cavour

火車站

聖羅倫佐教堂
Basilica di San Lorenzo

Biffoli蕾莉歐保養品、香水、化妝品(可退稅)

藥局、歐洲各大藥妝、維骨力

Rinascente百貨公司：化妝品、知名廚具(包括Alessi)、童裝、中價位包包、摩卡壺(可退稅)

V. de'Cerretani

百花聖母教堂
Duomo

Gucci　Malloni

Max & Co.

V. della Spada

Hermes ●

V. de Tornabuoni 精品街

V. Roma

Grom

Via dello Studio

Pegna老雜貨店：
Amedei巧克力、咖啡粉

V. dell'Oriuolo

● BV

Miu Miu

Gucci ●

LV ●

V. Strozzi

共和廣場

● Furla

V. del Corso

Prada等精品
(精品街可退稅)

Armani ●

威尼斯玻璃藝品、面具

● Coin

Calimala

Zara

● Gucci博物館

V. d. Parione

Salvatore Ferragamo

V. Porta Rossa

V. del Calzaiuoli

領主廣場

野豬市集：平價皮包、皮製品、披肩

H&M

Mdton藥局、蕾莉歐、保養品

● The Bridge皮件店

Benetton

舊橋
Ponte Vecchio

St. Maria

P.le d. Uffizi

金飾、銀飾

佛羅倫斯購物去

特·色·商·店

La Padellaccia
食品店／餐廳

Special：義大利臘肉
Where：中央市集旁
Credit Card：YES
Website：www.lapadellaccia.com

地址：Via S. Antonino 20/r
電話：(055)288-158

這家店親切又能幹的義大利媽媽與像教授般的老闆

這家老雜貨店就位於中央市場對面的小巷道，販售各種托斯卡尼地區的食品特產，包括橄欖油、咖啡粉、義大利麵、麵醬、乾貨、香料。不過最著名的是義大利臘肉，其中茴香臘腸(Finocchiona)最受歡迎，這種臘腸最適合切厚片吃，咀嚼時豬肉鹹甘與香草味融合在一起，全部的美味齊蹦了出來。

目前隔壁還開有餐廳，全家人一起料理、經營的小餐館，很有媽媽的味道。推薦試試他們的托斯卡尼前菜拼盤(Assaggio Toscano)，這裡的烤豬肉及烤雞也相當受歡迎。

售有各種義大利麵、醬料、橄欖油及咖啡粉

托斯卡尼地區的黑豬肉臘腸，油花較大，也較香

Gilardini Calzature
老皮鞋店

地址：Via Cerretani 8/r
電話：(055)212-412
網址：www.gilardinishoes.it

佛羅倫斯近百年歷史的老皮鞋店，絕對令人讚嘆的皮質與設計，不妨到此買雙可傳個百年世代的好鞋。

大理石花紋紙、文具

佛羅倫斯的造紙藝術相當精進，盛產大理石花紋的紙製品，有包裝紙、筆記本、信封、信紙、書箋等文具用品。

皮件

佛羅倫斯以皮件製品聞名，在街上隨處可見皮件攤，如皮衣、皮帶、小零錢包、皮手環、皮包。大部分的地攤貨都是由中國人在義大利製作的產品，多可議價。

西洋棋

精緻的西洋棋也是熱門的紀念品之一。

皮製零錢包

義大利正統的皮製零錢包，內部邊緣會向內縮，這樣才能讓錢包完全密合。

Officina Profumo Farmaceutica di Santa Maria Novella
福音聖母馬利亞香水藥房

Special：化妝水、香水
Where：S.M.N.火車站附近
Credit Card：YES
Website：www.smnovella.com

地址：Via della Scala 16
電話：(055)216-276

1221年，多明尼克修會開始在佛羅倫斯設立草藥房，後來名聲漸漸傳開來；17世紀時，許多王公貴族都指定用他們所生產的保養品、香水，因此有一些產品是專為皇后或公爵製作，並以之命名。

位於福音聖母瑪利亞教會旁的老藥房總店，就像座美麗的博物館。推開重重的大門，穿過擺著大理石雕像的走廊，來到充滿藥草香的老藥房。大廳天花板上的天頂畫、代代相傳的老木櫃，恰到好處地呈現出老藥房的高雅氣質。再往內走則是香水部及藥草部，每個廳室都有不同的美感，並陳列著古老的煉藥器材。

這家老藥房在將近8世紀以來，一直堅持採用最好、最天然的花草提煉各種產品，絕不添加任何化學品，也不做動物試驗。產品不但自然、溫和，不同的配方，也能達到不同的保養功效。最著名的產品包括鎮店之香「撲撲莉」(Pot-Pourri)，這是將

如博物館般的老藥房，它同時也是全球唯一幾家只研發單一香水老店

佛羅倫斯山丘的各種天然花草、莓果放進土甕中，並加入不同的純天然精油，密封放置4個月，讓它自然發酵成天然芳香品。另外，最受歡迎的產品還包括SMN配方水(Acqua di Erba Santa Maria)、薔薇水(Acqua di Rosa)、柑橘美白化妝水(Acqua di Fiori d'Arancio)等，便宜又好用。

香水方面，這是世界上唯一幾家只研發單一香味的老香水店，並專為天主教國家的皇族調配個人用香水。其中以1533年的福音聖母瑪利亞皇后香水(Colonia Santa Maria Novella)最為聞名，這是當時佛羅倫斯麥迪奇家族的凱薩琳(Caterina de Medici)公主與法國亨利二世結婚時，專為她研發的香水。這款香水只採用穩定性最高的植物性變性酒精、水及純天然花草香精所調配的單一香味香水。

而這種香水的香精也用來製作香皂，他們的香皂同樣只採用天然植物皂基，並放置60天自然陰乾，產出富含奶脂的香皂。其中以杏仁香皂(Sapone alla Mandorla)最受歡迎。

牛奶身體乳液

乾性皮膚專用的Idrasol身體乳液

乳液方面以牛奶身體乳液(Latte per il corpo)及乾性皮膚用的Idrasol、杏仁護手霜(Pasta di Mandorle)最好用。另外還有許多產品，像是精油、隔離霜、眼霜、兒童用乳液、止汗水(Anidroto)、外用消腫霜(Crema Arnica)、防曬乳液、清潔用品、蜂蜜、草藥等。

這裡並不是採開放式商品櫃，可先到櫃檯兩側拿取商品清單，接著到櫃檯請服務人員拿您有興趣的產品試擦，喜歡的話再購買。

價格合理、品質又好的薔薇水及SMN化妝水是最熱門的產品

推薦 ▶ 歐洲有機草藥藥妝店

義大利的藥局(Farmacia)不只賣成藥而已，歐洲各大品牌的藥妝保養品也都可在此找到。其中最普遍可見的包括義大利品牌——L'Erbolario(蕾莉歐)、德國的Weleda及法國品牌——Avene、Vicky、La Roche-Posay等。除了藥局之外，還有許多草藥店(Erboristeria)，除了西方藥草之外，通常還販售各種有機產品及天然保養品與精油，也是相當值得逛的地方。精油一般只要8～20歐元(視品質而定)。

而那麼多種有機藥妝中，到底哪個品牌較值得推薦呢？在訪問了多家的藥師之後，大部分藥師都推薦義大利的Helan及德國的Dr. Hauschka。除了它所採用的成分都很好之外，煉製方式更是其他品牌無法做到的。推薦它的玫瑰護唇膏。以下介紹市中心幾家藥妝、有機草藥店：

De Herbore有機草藥店

地址：Via del Proconsolo 43/r
電話：(055)211-706

位於主教堂後側街巷，一踏進店內，撲鼻而來的是樸質的藥草味，馬上被一車的天然保養品所吸引。更棒的是，這裡的藥師相當有經驗，可為客人推薦各種適合的產品。店內除了有齊全的蕾莉歐外，還有更優質的Helan、Derbe及Weleda的各項保養品(請參見P.51)，此外還有精油、有機化妝品、食品等，可說是個挖寶的好地方。

Biffoli Shop香水、保養品店

地址：Piazza Duomo 13/r
電話：(055)2381-272

位於主教堂入口側面的街道上，有各種香水、保養品，包括蕾莉歐及一些法國產品。

推薦這兩款乳液及沐浴乳(Fig and Poppy)

Farmacia Molton藥局

地址：Via dei Calzaiuoli 7/r(位於Piazza della Signoria領主廣場旁)
電話：(055)215-472
時間：24小時營業
網址：www.farmacia-molteni.com

佛羅倫斯購物清單

瓷器

托斯卡尼地區流行花繪瓷器品，有許多手繪瓷器皿，質感厚實，充滿托斯卡尼艷陽下的繽紛色彩。

藝術海報/明信片/筆記本/月曆/購物袋/傘

市中心有許多攤販販售藝術海報、明信片、筆記本、月曆，如波提伽利的維納斯畫像，都是相當熱門的紀念品。

古董書

在一些舊書攤、古董店或書店可找到許多值得珍藏的古董書。這些古董書的封面大部分都是皮製或絨製的精美設計品。

橄欖油

托斯卡尼地區種植許多橄欖樹，由於這裡的地質與氣候佳，且品質控制嚴格，因此這區所產的橄欖油品質相當好。亞洲的優質橄欖油選擇較少，不買可惜。

Amedei頂級巧克力

Special：巧克力
Where：Amedei巧克力沒有專賣店，可在雜貨店或百貨公司購買。例如：米蘭及佛羅倫斯的La Rinascente百貨公司食品區及機場、佛羅倫斯老雜貨店Pegna(請參見P.92)
Credit Card：YES
Website：www.amedei.com

　　說創立於比薩斜塔郊區的Amedei是巧克力界的LV，可是一點也不為過。

　　Amedei所採用的可可都是全球最頂級的，從種植到採收運送，完整控制品質。再加上Amedei的創辦人Cecilia Tessieri是位巧克力魔法師，以她高超的藝術手感及對巧克力的熱情，調配出許多令人讚嘆的作品。而且整個巧克力的製作過程也比其他品牌更為嚴謹，製程時間就是一般巧克力的4倍。首先幫原豆按摩，讓它的苦味散發出來，然後將各種原豆分開烘炒，接著以傳統石磨研磨，再經過72小時慢慢地加熱攪拌(一般巧克力只花8小時)，然後靜置20天熟成，讓可可的香味充分表現。經過這麼嚴謹的製作過程，Amedei巧克力的細緻度達到11微米，所以Amedei巧克力可說是入口即融。

　　吃Amedei巧克力最大的樂趣在於品嘗巧克力。譬如你可以購買Amedei的單品巧克力，撥開一

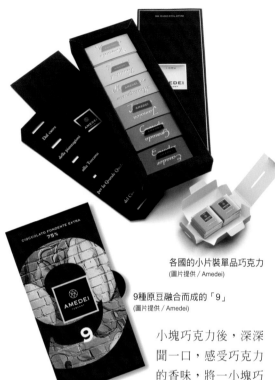

各國的小片裝單品巧克力
(圖片提供 / Amedei)

9種原豆融合而成的「9」
(圖片提供 / Amedei)

小塊巧克力後，深深聞一口，感受巧克力的香味，將一小塊巧克力放進口中讓它慢慢融化，首先會感受到巧克力的輕甜味，接著是沁出來的果酸味，然後是可可的微苦味，最後慢慢享受餘留在口腔內的果香味。品巧克力時最大的驚喜是，明明是相同成分比例、方法做出來的巧克力，差別只在於不同國家的原豆而已，風味卻絕然不同。例如格瑞納達的巧克力有種棗香味，委內瑞拉的巧克力則有股榛果香。而品嘗時若佐以紅酒或雪茄、或是一杯好茶，又會呈現出不同的風味，箇中滋味真是妙不可言！

　　Amedei產品中最著名的莫過於「Porcelana」，因為它100%採用珍貴的Chuao Criollo原豆製作，每年只生產2萬盒，每盒包裝還有自己的識別編號，號稱是巧克力界的夢幻巧克力！另外「Amedei 9」也是絕品，要將9種原豆融合在一起，不但需要多年的經驗與技術，還需要過人的品味才行。而Cecilia自己最喜歡的則是Toscana Black 70%，夜晚時分吃片Toscana Black，為一天畫下最幸福的句點。

巧克力界中的夢幻
巧克力Porcelana
(圖片提供 / Amedei)

適合放在桌邊當
零嘴的巧克力罐
(圖片提供 / Amedei)

到佛羅倫斯買名牌

Patrizia Pepe服飾店

Special：上班族服飾
Where：共和廣場旁的精品街區
Credit Card：YES
Website：www.patriziapepe.com

地址：Via degli Strozzi
電話：(055)2645-056

1993年，由來自托斯卡尼的設計總監——Patrizia Bambi與其夫婿Claudio Orrea共同創立這個品牌，並將總部設於佛羅倫斯(Firenze)。這幾年急速竄起，在各大城市及海外成立銷售據點，成爲義大利時尚界的新寵兒。

Patrizia的設計一直是以理想女性爲主軸，設計出精緻的服飾，最難能可貴的是，她的設計能同時展現出女性獨立與溫柔的特質。

Contro Luce設計品店

Special：新潮小設計品、燈飾
Where：亞諾河岸附近
Credit Card：YES
Website：NO

蝴蝶造型的紙夾

地址：Via della Vigna Nuova 89/r
電話：(055)2398-871
時間：週二～五10:00～19:30
　　　週六10:30～19:30，週一15:30～19:30

熱愛設計的老闆娘——Andreina由歐洲各國收集各種有趣的生活雜貨設計，無論是現代設計感，或是可愛造型的設計品，這裡通通都有。而店內各種生活小雜貨更是令人驚奇連連，像是以美麗的現代女郎爲造型的眉毛夾、七彩繽紛的收音機、紳士造型的雨傘等，許多產品在Rinascente的家居食品樓層也可買到。

燈飾也是店內的主打產品

可愛蝸牛造型的擋門器(Door Stopper)

各種創意設計等著你來挖寶　法國設計師的多彩設計品

Pegna

1860年開業至今的老雜貨店Pegna，百年來一直在樸質古典的木櫃上，提供佛羅倫斯人最頂級的食材，如松露醬、薩丁尼亞鮪魚卵等高級食材。此外，這裡還有自家烘培咖啡豆，購買時，店員會讓咖啡豆咚咚咚地從長長的銅管滾至袋中。若你想買優質巧克力，這裡也有Amedei、La Molin，或甚至最普通的Baci巧克力。

古樸的百年老雜貨店

可買到各種Amedei的巧克力

義大利各咖啡品牌也很齊全

松露醬

古樸的百年老雜貨店

這裡的咖啡豆就是從這些銅管滾下來的

Vinattiere Zanobini

地址：Via Sant Antonino 47/r
電話：(055)2396-850
交通：由中央市集步行約2分鐘(位在牛肚攤後面的小巷道內)

自己也釀造酒的老酒館，位於中央市場對面的小巷道內，是佛羅倫斯市區最古老的酒館之一，也是當地人最愛的小酒館。這裡同時也是Chianti Classico授權的直營店，因此店內有相當豐富的藏酒。此外，當然也販售老闆自己釀造的好酒。是很適合購買Chianti美酒的地方。

親切又相當了解酒的老闆，Le Lame就是老闆自製的好酒，只有這裡才有賣喔！

Gucci博物館

地址：5 Piazza della
　　　Signoria 5
電話：(055)7592-3300
時間：10:00～20:00
票價：6歐元
網址：www.gucci.com

　　爲了慶祝Gucci
90週年慶所開幕的
Gucci博物館，選在Gucci的發源地佛羅倫斯，
1337年的古老建築Palazzo della Mercanzia中，也
就在著名的領主宮後側。新規劃的Gucci博物館
規模雖不大，但完整地呈現Gucci的發展及經典
作品，另還有一個當代藝術展覽場，定期展出全
球當代藝術家的作品。

　　1樓則有優雅的Gucci Caffé，可坐在氣質閱讀
室中享用佛羅倫斯百年老茶店的茶(4歐元)及咖
啡，也可在廣場上的戶外座位區享用很受好評的
有機餐點或餐前酒。咖啡館旁則有藝術及設計生
活書店，後側還有個小小的Icon Store精品店，這
裡所販售的是博物館限量款，全球只在這裡買得
到的獨家商品，且都是歷年來最經典的Gucci設
計，以現代更優良的材質與技術呈現。

Malloni

地址：Via dei Tosinghi 14/R
電話：(055)288-708
網址：www.malloni.com

　　Malloni每一件作品，
都像一件優雅的藝術品。
其不對稱的特殊剪裁及別
緻的細節設計，讓Malloni
服裝特色馬上跳顯出來，
不但能呈現出酷酷的反叛
個性，同時還能恰如其分
地展現女性優雅。買不起
也要過來欣賞的品牌店！

百·貨·商·場

La Rinascente百貨公司

Special：化妝品、廚具
Where：共和廣場旁
Credit Card：YES
Website：www.rinascente.it

地址：Piazza della Repubblica 1
電話：(055)219-113
時間：週一～六10:00～21:00，週日10:30～20:00

　　這是義大利的百貨龍頭，B1可買到Rimowa行李箱；1樓為中上價位的包包與化妝品、太陽眼鏡專櫃；2樓為男性服飾，有許多不錯的西裝、襯衫與領帶；3樓及4樓為女性服飾及休閒服飾(包括優質法國品牌comptoir des cotonniers)；5樓則為設計家用品及食品區，包括Amedei巧克力、Alessi、Bialetti摩卡壺，還有許多充滿歐洲風情的芳香飾品。

濃濃歐洲味的芳香飾品

Coin百貨公司

Special：中價位包包、生活用品
Where：主教堂與烏菲茲美術館之間
Credit Card：YES
Website：www.coin.it

地址：Via Dei Calzaiuoli, 56/r
電話：(055)280-531
時間：週一～六10:00～19:30，週日10:30～19:30

　　Coin所販售的品牌雖然不是最高檔的，但是大部分也都有中上水準，因此即使品牌名氣並不是很大，但貨品的品質都還算不錯，深受中產階級的喜愛。這裡可找到男、女服飾、家用品、內衣、皮件、飾品、寢具、童裝等，貨品相當齊全。尤其推薦地下一樓的家用品區，2012年義大利相當流行的許願帶也可在1樓的櫃檯處選購。

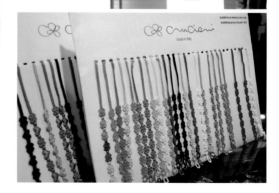

到佛羅倫斯買名牌

暢·貨·中·心

The Mall暢貨中心

Special：Gucci、BV、Prada、Tod's
Discount：Burberry全部商品都5折以下
Where：郊區
Credit Card：YES
Website：www.themall.it

地址：Via Europa 8, 50060 Leccio
　　　Reggello, Florence
電話：(055)8657-775
交通：**1.**佛羅倫斯乘火車到Rignano
Sull'Arno站，出火車站後，下樓梯，
到對街的小站牌等公車，約7分鐘即可
抵達。上車時跟司機說到The Mall，
或者看到Diesel的店後下車。多人一起
前往也可直接在火車站附近的Bar叫計
程車，約5分鐘車
程。
2.由佛羅倫斯搭直
達巴士SITA前往，
巴士站位於火車站
附近(火車站內麥
當勞另一側的出口
過馬路，左轉走到
街角，右轉直走即
可看到)。

現在幾乎每小時就有一班車

悠閒的逛街氣息

　　可說是義大利最著名、也最老牌
的一家暢貨中心，位於佛羅倫斯城
外。規模雖然不是特別大，但卻有
許多義大利的知名品牌，像是最受
歡迎的Gucci、Salvatore Ferragamo、
Armani、Prada、Marni、Sergio Rossi、
Valentino、Fendi、Tod's、Hogan等，都
可在此找到。除了頂級商品之外，還
有一些較年輕的設計品牌，如Diesel、
Miss Sixty(每日10:00～19:00)。

Space-Prada Outlet

Special：鞋及皮夾
Discount：3～5折
Where：郊區
Credit Card：YES
Website：NO

地址：Localita Levanella, 69 Montevarchi
交通：佛羅倫斯S.M.N.火車站乘火車前往Montevarchi
站(車程約1小時)，再轉計程車約10分鐘可抵達

　　義大利最大的Prada / Miu Miu Outlet，暢貨中
心裡擺滿各種Prada過季商品，但Miu Miu的商品
較少。鞋款及尺寸較齊全，衣服較多適合中上年
紀的商品，不過也有一些不錯的皮包與皮夾。這

裡真的有點偏僻，時間不多者並不需要跑這一
趟，The Mall現在也有Prada Outlet店面了。

Outlet a Barberino

Special：精品及家用品
Discount：Prada5折
Where：Barberino鎮郊
Credit Card：YES
Website：www.mcarthurglen.it

地址：Via Meucci snc 50031 Barberino del Mugello
電話：(055)842-161
時間：週二～五10:00～20:00，週六～日10:00～21:00
交通：1.開車：由佛羅倫斯上A1高速公路，Firenze - Bologna段，由Barberino di Mugello出去，全程約30公里。
2.搭車：從佛羅倫斯S. Maria Novella火車站(Bata鞋店前)有購物巴士，車程約40分鐘，每天兩班往返。去程為10:00～10:40、14:30 15:10，回程為13:30～14:10、18:00～18:40。來回票價15歐元，14～16歲為8歐元，14歲以下免費

Outlet折扣價目參考

佛羅倫斯城外另一家大型暢貨中心，所有的規劃與設備都相當好，讓人有種在小村莊悠閒逛街的感覺。

這裡約有90家商店，包括著名的Prada、Dolce & Gabanna、CK、Coccinelle、Furla、Gas、Stefanel、Benetton、Intimissimi等品牌。除了服飾之外，還有些不錯的家用品(Bialetti咖啡壺)、香水店及運動用品店，像是Puma及Adidas等知名運動品牌。這裡的Prada商品與附近幾家Outlet相比較，算是挺不錯的，所有商品都是5折優惠。

餐·廳·推·薦

Vivanda酒館餐廳

地址：Via Santa Monaca, 7
電話：(055)2381-208
時間：週一～六中餐及晚餐
網址：www.vivandafirenze.it

Vivanda剛開店時，原本只是想以小酒館為主，所以空間並不大，但恰如其分的現代設計與古老的拱頂，卻也成就了一個溫暖的用餐氛圍。

當你坐在餐廳用餐時，不時可看到當地人過來買酒，因為這裡的酒都是他們自家酒莊釀造的有機酒，還有以傳統古法釀製的蘋果酒，橄欖油更是頂級。而酒既然是重點，這裡精選的西耶納黑豬肉臘腸、火腿及肥油帶當不可錯過。他們在附近還開了家現桿義大利麵店，因此餐廳內的麵食料理也令人讚不絕口。廚師會依當地食材定期更改菜單，絕對讓客人吃到最新鮮的料理。

必點的西耶納黑豬肉臘腸肥油拼盤　義大利餃及其他麵食也是這家店最擅長的料理

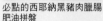
恰如其分的溫暖空間

餐·廳·推·薦

Trattoria Mario小餐館

地址：Via Rosina 2/R
電話：(055)218-550
時間：週一～六12:00～15:30
休息：週日、國定假日及8月的前3週休息
網址：www.trattoriamario.com

　　這家小餐館只供應午餐，鬧哄哄的食堂，充滿義大利人的活力。最好中午12:30以前抵達，否則一位難求。由於內部座位有限，也常有機會和其他人同桌用餐。到這裡當然要品嘗著名的佛羅倫斯牛排，服務生會先端出未烹煮的大塊生肉讓客人檢視肉質，滿意才進廚房烹烤。這裡的義大利麵也很便宜、火腿拼盤也很優質，是平價享用中餐的好地點。

如果想平價享用大分量的佛羅倫斯牛排，就來這吧

中央市場外的牛肚三明治攤

地址：中央市集外面
時間：09:30～16:00(賣完就收攤)

　　中央市場外的牛肚三明治，是來到佛羅倫斯必嘗的小吃。可能有很多台灣同胞被他的美味所吸引，所以畫了好多張卡通畫掛在攤位上，很容易找到攤位。這裡的牛肚三明治滷得很棒，不過最讚的是淋上綠醬及辣醬，要注意的是，他的辣醬非常辣，最好請店家加一點點就好。除了牛肚三明治之外，最近幾年也迷上他的牛肉三明治，帶

筋的牛肉，滷得一口即化，不需多加形容，嘗過就知箇中美味了。

小攤子就位於中央市集外

市場內的小吃店Nerbone

地址：中央市集內
時間：09:00～13:30

　　如果想要便宜品嘗佛羅倫斯的平價菜餚，也可到中央市場內的Nerbone。這家1872年的老攤位，同樣也有牛肉三明治，也相當好吃。此外還有不油不膩的牛肉湯及一些小菜、義大利麵，也設有座位區，可以舒服的飽餐一頓(不過中午通常是大客滿)。

點盤香草烤豬肉及朝鮮薊，品嘗佛羅倫斯道地小吃

佛羅倫斯購物市集

中央市集與聖羅倫佐市集

WHEN： 每天早上～13:30

在聖羅倫佐大教堂外長長的街道上，都是各種皮件、棉製品、西洋棋等佛羅倫斯地區的紀念品。在這條街上，還有座很大的鐵架建築，這是佛羅倫斯的中央市集。1樓有許多當地的特產店，像是橄欖油、乾貨、起司、臘肉店、酒等，另外還有新鮮的魚、肉攤販及小吃店，有些以燉牛肉聞名，有些則以烤豬肉聞名，除了三明治之外，還供應各種簡單的義大利麵。新鮮蔬果及乾果攤則在市場後面。

Let's Go： 由S.M.N.火車站或主教堂步行約5分鐘

舊橋金飾店

WHEN： 每天

由於舊橋連接著麥迪奇家族住所與辦公室(也就是現在的彼提宮與烏菲茲美術館)，所以領主一聲令下，將之前搞得亞諾河臭氣沖天的肉攤，改成金碧輝煌的高級金飾店。因此，目前所看到的舊橋，除了美麗的亞諾河風光之外，還有各家老木櫃組成的金飾店。這裡的金飾種類相當多，除了當地金飾匠的設計品外，還可找到一些頂級精品。

Let's Go： 由主教堂步行約15分鐘

有機市集

WHEN： 週月的第三個週日

每月的第3個週日(冬季除外)在佛羅倫斯的S. Spirito教堂外，聚集了托斯卡尼地區的有機農夫，這些攤位所販售的都是附近有機農場自產的產品。有許多品質佳的蔬果、起司、橄欖油、蜂蜜等。有趣且特別的市集，相當推薦。

Let's Go： 由舊橋步行約15分鐘

古董市場

WHEN： 每個月的第2個週日、每個月的第4個週日

每個月的第2個週日在Santo Spirio教堂外面，及每個月的第4個週日在Piazza de' Ciompi有古董市集。

Let's Go： Santo Spirito廣場：由共和廣場步行約10分鐘
Piazza de' Ciompi：由主教堂步行約10分鐘

平價市集

WHEN： 每週二

每週二在亞諾河邊的Cascine大公園會有長達1～2公里的大市集，許多市民都會到此撿便宜，這裡有許多平價的服飾、家用品。

Let's Go： 由火車站搭T1電車約7分鐘，或搭17號公車，約20分鐘

Milano

米蘭

　與巴黎、紐約同為全球時尚之都的米蘭，大小適中的城區規模，儼然就是理想的購物天堂。除了全球各大精品集中在著名的黃金四邊角，讓你一次購足外，主教堂旁的艾曼紐二世大道及Via Torino、布宜諾艾利斯大道，更是平價品牌雲集；這還不夠，主教堂北部的布雷拉氣質街區，以氣質商品奪得滿堂喝采；而運河區獨特的文化，卻欲以別出心裁的設計與歷久不衰的老古董壓倒群雄。米蘭啊！米蘭，可真是個理想的購物城。

米蘭購物地圖

布雷拉區

由布雷拉美術館一直延伸到Garibaldi火車站，沿路行經Via Brera、Corso Garibaldi及Corso di Como，這一區是較有氣質的購物街區。除了服飾店外，還可找到許多名家具店及設計品店，晚上還可看到許多算命攤。

前往方式：可搭地鐵3線到Montenapoleone站往布雷拉美術館方向走，步行約10分鐘；或搭地鐵2線到Moscova站，可到Corso Garibaldi大道，走到底過Piazza XXV Aprile廣場接Corso Como；或者也可搭地鐵2線到Garibaldi F.S.站往Corso Como走

精品街區(Montenapoleone)

S. Babila廣場西北方的Montenapoleone街與平行的Via della Spiga及這兩條街間的小巷道，形成著名的黃金四邊角，是全球最著名的精品街區之一。幾乎世界各地的高級精品，都可在這黃金四角找到。S. Babila廣場東側的Via Durini則為設計家具街。

前往方式：可搭地鐵1線到S. Babila站，由此步行到精品街(Montenapoleone)或家具街Via Durini；或者可搭地鐵3線到Montenapoleone站，地鐵站外就是Armani旗艦店，對面就是精品街區

運河區

Corso Ticinese的運河區有許多獨具特色的商店，Ripa di Porta Ticinese運河兩旁則有一些二手、古董店。許多老房子目前已改為藝術工坊，每個月最後一個週日的古董市集為米蘭人最精采的挖寶地。往主教堂方向的Via Torino則有一些平價品牌。

前往方式：可搭地鐵2線到Porta Genova F.S.站，往Via Vigevano就可走到運河頭及Piazza XXIV Maggio廣場。或者也可由主教堂附近搭電車3號到Porta Ticinese(S. Lorenzo教堂附近)或Piazza XXIV Maggio下車

布宜諾艾利斯大道及中央火車站區

市民公園及中央火車站之間的布宜諾艾利斯大道為另一區大眾購物街區，幾乎所有大眾品牌都可以在這條大道上找到。除了服飾之外，也有許多家用品、香水、保養品店。這同時也是政府許可週日開店的街道之一，因此週末總是擠滿逛街人潮。

前往方式：地鐵1線的Porta Venezia站為大道頭，中段為Lima站，尾端為Loreto站，Loreto西側就是米蘭中央火車站；或者也可由Viale Tunisia搭電車前往，約10分鐘車程

到米蘭買名牌

米蘭墓園
Cimitero Monumentale

布雷拉美術館
Pinacoteca di Biera

精品街區
P.102

45分鐘快速購物區域
P.102

史豐哲城堡博物館
Castello Sforzesco

感恩聖母教堂(最後的晚餐)
Chiesa di Santa Maria
delle Grazie

Zani
Viaggi

史卡拉歌劇院
Teatro alla Scala

Grom冰淇淋

主教堂區

安勃西安那美術館
Pinacoteca Ambrosiana

米蘭大教堂 Duomo

聖安勃吉歐教堂
Basilica di
Sant'Ambrogio

Hotel Zurigo

↓往運河區

主教堂區

　　這是米蘭市中心的主要購物區,從艾曼紐二世走廊(Galleria Vittorio Emanuele II)的高級精品Gucci、Prada、Tod's,到Corso Vittorio Emanuele II大道的Zara、H&M、Benetton等大眾化商品,都齊聚在此。另外,由主教堂往史豐哲城堡方向的Via Dante也有許多優質商店。

前往方式:搭地鐵1、3線到Duomo站,從主教堂可到艾曼紐二世走廊、艾曼紐二世大道;從艾曼紐二世大道直走可到San Babila廣場;或者搭地鐵1線到S. Babila站,往主教堂方向走

米蘭45分鐘快速購

很可惜的是，很多旅遊團在米蘭停留的時間很短，不過，幸運的是，米蘭大教堂是必停的景點。大教堂附近就是米蘭的購物商圈，許多精品及Made in Italy的商品，在這邊就可一次購足。尤其是米蘭的Rinascente百貨公司，就在大教堂旁邊。米蘭的分店是這家百貨公司中，商品及品牌最齊全的，如果時間不多的話，建議可以直接到這家百貨公司掃貨。

① 童裝店
② Lush
③ 化妝品專賣店
④ Peck義大利高級食品店、咖啡豆
⑤ Zara
⑥ Sisley
⑦ 藥妝店
⑧ 書店/多媒體店
⑨ 米蘭平價紀念品攤販
⑩ 百貨公司：Gucci、LV、Miu Miu、Diesel等知名品牌、男裝與領帶、化妝品、皮夾、知名廚具(包括咖啡機與摩卡壺)、童裝(設有市區退稅處)、食品
⑪ 義大利各大足球紀念品店
⑫ H&M
⑬ LV
⑭ Prada
⑮ Salvatore Ferragamo
⑯ Armani旗艦店
⑰ Gucci
⑱ Zara
⑲ Benetton
⑳ 艾曼紐二世走廊：Prada、Gucci、LV、Tod's
㉑ Excelsior
㉒ GAP

米蘭精品街地圖

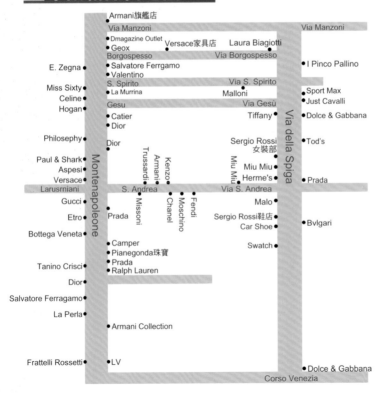

米蘭購物去

特·色·商·店

10 Corso Como時尚概念店

Special：獨立設計師品牌
Where：Garibaldi火車站附近
Credit Card：YES
Website：www.10corsocomo.com

地址：10 Corso Como
電話：(02)654-831
時間：週一15:30～19:30
　　　週二～日10:30～19:30

　　由Carla Sozzani及《Vogue》雜誌前總編輯——Franca Sozzani所創立的時尚概念店。創立於1991年，設有書店、攝影與設計藝廊(2樓)。明亮的空間設計，是設計人及藝術愛好者最舒服的空間。1樓有獨立設計師品牌及東方禪生活雜貨。另一邊則是咖啡館、餐廳。

　　這裡的Logo、咖啡館及餐廳，都是由Sozzani的藝術家朋友——Kris Ruhs所設計。此外，10 Corso Como還開設了全球最小的旅館——3 Room Hotel，採用許多Vintage風格的家具布置，營造出獨特的休憩空間，近年還在附近街區開設2～5折的精品Outlet。

Peck高級食品店

Special：葡萄酒及咖啡豆
Where：主教堂左前方
Credit Card：YES
Website：www.peck.it

地址：Via Spadari 7-9
電話：(02)2802-3161
時間：週一～六08:45～19:30
休息：週一早上及週日
交通：主教堂左前方，由Via Torino右轉Spadari

　　位於主教堂與安勃西安那美術館之間的Peck，在典雅的老建築中，販售各種義大利高級食品。幾乎所有高級食材，像是松露、香料、火腿、咖啡粉及新鮮蔬果等，都可在此買到。除了高級食材外，地下室有豐富的藏酒。1樓有供應美味的熟食、甜點及冰淇淋。2樓為餐廳及Bar，許多商業人士中午會選擇到此用餐。推薦購買這裡的咖啡豆及英式茶罐組。

時裝
米蘭為時尚之都，所以無論是義大利及國際知名品牌，都可在此找到最新款式。

包包
各大小品牌都有不同的時尚包包或皮夾、太陽眼鏡。

足球紀念品
義大利足球威力是全球數一數二的，米蘭市的球隊Inter跟Milan也推出許多球迷為之瘋狂的紀念品。

設計家具
義大利設計家具不但講求設計感，義大利手工藝的嚴謹與質感，更是在家具設計上發揮的淋漓盡致。

古董商品
米蘭市區有好幾個古董市集，總能挖到各種有價值或獨特的古董商品。

Alessi旗艦店

Special：Alessi經典咖啡杯組、水壺
Where：Montenapoleone精品街區附近
Credit Card：YES
Website：www.alessi.com

旗艦店

地址：Via Manzoni, 14/16
電話：(02)795-726
時間：週一～六10:00～19:00
休息：週日及週一早上
交通：由Montenapoleone地
　　　鐵站往史卡拉歌劇院方向步行約3分鐘

Spaccio Alessi Outlet

地址：Via Privat Alessi 6, 28887 CRUSINALLO DI
　　　OMEGNA (VB)(另一個城市)
電話：(0323)868-611

　　義大利最著名的家具設計品牌之一，以創新的設計，在我們的居家環境中，大膽注入幽默感。像是著名的豆芽馬桶刷，讓小小的衛浴空間更加亮麗、有活力。也就是這種天馬行空的創意，幾乎20世紀所有知名的設計大師都曾為它效力過，因此累積了許多經典產品，如Philippe Starck的「Juicy Salif」外星人榨汁機、Richard Sapper的9091音樂壺、Michael Graves的鳥鳴壺、Massimiliano Fuksas及Doriana O. Mandrelli所設計的E-Li-Li咖啡杯組等。

　　米蘭的這家旗艦店，最能看到Alessi的品牌文化，有一些只有這裡才找得到的大師作品。

百·貨·商·場

La Rinascente百貨公司

Special：童裝、家具、化妝品、男裝
Where：主教堂附近
Credit Card：YES
Website：www.rinascente.it

地址：Piazza Duomo
電話：(02)885-21
時間：週一～六10:00～22:00，週日10:00～20:00

　　義大利最大的百貨公司，米蘭分店是其中商品最齊全的，像是Miu Miu、LV、Gucci、Diesel、Dior、Chanel、Furla等都設有專櫃。B1的部分還有許多實用又有趣的家用品、咖啡機、杯盤及生活書籍。1樓有各大化妝品品牌；2樓為男性服飾及領帶；3樓為女裝與女鞋；4樓為女性服飾；5樓則為童裝及內衣；6樓有文具、寢具、旅行箱、禮品；7樓為咖啡館、餐廳、美食超市。從這裡還可看到主教堂的屋頂雕像；8樓還有髮

以上圖片提供 / La Rinascente

廊。可在此購買各種禮品，集結起來一起退稅(百貨公司內設有退稅處)。

Excelsior Milano精品百貨概念店

地址：Galleria del Corso 4
電話：(02)7630-7301
時間：每天10:00～20:30
網址：www.excelsiormilano.com
＊若需要個人購物及形象顧問，可聯繫Ms. Menegoi，
　Email：mmenegoi@gmail.com

如果你想要找的是與眾不同的優質精品，那麼新開的Excelsior Milano絕對是最佳選擇。這裡的商品可說是精品中的精品，所有商品都是米蘭知名的買手Antonia Giacinti精心挑選的，其中有些商品是這家店或義大利獨有的限量版，優雅地呈列在Jean Nouvel所打造的這個頂級商場內。

除了男女裝外，1樓的部分還有各種設計品、珠寶、手表及各國香水，如英國的Creed。地下樓層爲Eat's餐廳，可在購物後過來享用簡單亦或精緻的現代創意料理，這裡同時也有藏酒豐富的

以上圖片提供 / Excelsior Milano

酒窖。再往下走則是頂級超市，義大利最優質的果醬、蜂蜜、醬料、食材、咖啡都可在此購足。

暢·貨·中·心

Serravalle Designer Outlet
郊區暢貨中心

Special：主打義大利品牌
Discount：5折
Where：米蘭市外Serravalle鎭
Credit Card：YES
Website：www.mcarthurglen.it

地址：Via della Moda 1, 15069, Serravalle Scrivia
電話：(0143)609-000
時間：10:00～20:00
休息：12/25～26、1/1、復活節
交通：Zani Viaggi每天10:00由城堡前發車，16:00回
　　　米蘭，車資約20歐元，車程約1小時30分鐘

米蘭與Genova之間的大型Outlet，號稱是歐洲最大的暢貨中心。建築爲典型的北義風格，是一座舒適的購物村。共有180家店面，都是以專賣店的方式呈現，逛起來相當舒服。

這家Outlet主打義大利品牌，因此可找到許

多經典名牌，包括Salvatore Ferragamo、Prada、Blunauta、Geox、Frette、Furla、Intimissimi、Boggi Milano、Coccinelle、Diesel、Miss Sixty、Liu Jo等。在Prada店可找到不錯的鞋款，Ferragamo則有些不錯的包包，5折價就可買到。另外還有Gas、Guess、Nike等運動休閒品牌。

除了服飾之外，家用品、雜貨也一應俱全，其中最值得購買的是Bialetti咖啡機，及義大利名牌廚具。

Il Salvagente市區暢貨中心

Special：女性外套及男性西裝、襯衫
Discount：5折
Where：市區
Credit Card：YES
Website：www.salvagentemilano.it

地址：Via Fratelli Bronzetti 16
電話：(02)7611-0328
時間：週一15:00～19:00，週二～六10:00～19:00
休息：週日及週一早上
交通：由San Babila搭60號公車到Bronzetti-
　　　Archimede站，或搭73、12、27號公車到Croso
　　　XXII Marzo-Bronzetti站

　　在米蘭讀書時每天都會經過這家店，這是市區的老牌暢貨中心，開業已有30年之久，是許多米蘭人便宜選購名牌的地點。這裡的品牌相當齊全，雖然是過季商品，但品質及樣式都還不錯，也因此能在米蘭市區屹立不搖。幾乎涵蓋所有大品牌，包括男、女裝、鞋、皮包、領帶、皮帶等。目前還另有一家童裝Outlet。

Dmagazine Outlet

Special：精品鞋、外套
Discount：5折
Where：Motenapoleone精品街區
Credit Card：YES
Website：www.dmagazine.it

地址：Via Montenapoleone 26
電話：(02)7600-6027
時間：09:30～19:45
交通：搭地鐵3線到Montenapoleone站，步
　　　行約2分鐘

　　這家暢貨中心竟然大膽選在精品店林立的Montenapoleone街上，與當季商品一較高下。小小的店面內掛滿各大品牌的衣服、外套、包包、鞋子、皮帶及領帶，產品樣式滿有時尚感的，值得進去挖寶。

Fox Town Factory Outlet
瑞士邊境暢貨中心

Special：名牌服飾、包包　　**Discount**：3～7折
Where：瑞士邊境　　　　　　**Credit Card**：YES
Website：www.foxtown.ch

地址：Via A. Maspoli 18, Mendrisio, Switzerland
電話：+41(0)848-828-888
時間：11:00～19:00
休息：1/1、復活節、8/1、12/25～26
交通：Zani Viaggi每天14:00有專車由城堡前發車，19:00回米
　　　蘭，車資20歐元，車程約1小時15分鐘

　　位於義大利邊境，瑞士境內的大型Outlet。雖然不在義大利境內，但由米蘭過去並不遠，因此也是北義熱門的購物中心。市區旅行社有專車前往(請參見P.107「Zani Viaggi旅行社資訊」)。共有200多種品牌，約為30～70%的折扣，包括知名的Burberry、Gucci、Prada、Bally、Etro、Dior、Miss Sixty、Replay、Diesel等品牌。除了服飾，還有香水、家用品、雜貨等。

INFORMATION
暢遊米蘭郊區Outlet便利交通

Zani Viaggi總辦公室位於史豐哲城堡前，在主教堂的旅遊服務中心也設有服務處，除了每天前往這兩座購物中心(Serravalle Designer Outlet、Fox Town Factory Outlet及Vicolungo)的來回專車外，還有市區及郊區導覽等服務(包括前往科摩湖Como及貝爾加摩Bergamo)。

Zani Viaggi旅行社
地址：MILANO Foro Bonaparte, 76　　電話：(02)867-131
網址：www.zaniviaggi.it

餐·廳·推·薦

GROM冰淇淋店
地址：Via S. Margherita, 16
電話：(02)8058-1041
時間：4～10月11:00～00:00，11～3月11:00～23:00
網址：www.grom.it
交通：面向史卡拉歌劇院左轉直走約2分鐘，或由主教堂步行約2分鐘

2003年創立於杜林(Turino)的GROM冰淇淋店，一開幕即廣受好評，隨即在各大城市設點，目前就連紐約都有分店。它的冰淇淋特別潤滑、綿細，又不會太過甜膩，由於它的奶油是手工鮮打的，很多人也會在冰淇淋上加上奶油。推薦他的當季水果口味及西西里杏仁冰。

GROM的所有材料都是由總公司自各小農場精挑細選而來的，且只採用符合有機標準的水果。現在也開始與杜林大學合作開設有機農場，開始種植製作冰淇淋所需要的有機水果，以供應最高品質的冰淇淋食材。

L'Incoronata
地址：Coros Giuseppe Garibaldi, 127　　電話：(02)657-0651　　時間：19:00～23:30，週日休息
網址：www.incoronataweb.com　　交通：Moscava地鐵站，沿Corso G. Garibaldi步行約10分鐘

開業十多年小餐廳，就位在米蘭最優雅的Corso G. Garibaldi步行街上，是米蘭人輕鬆用餐的雅致餐廳。找個涼爽的夜晚，坐在戶外座位區享用晚餐，是再愜意不過的米蘭體驗了！

這家小餐廳都使用當季食材，以各種原創料理方式呈現出各種讓人驚喜的菜餚。如水蜜桃做成的清爽前菜、黑米燉飯等，因此每天的菜單都有點不同喔。逛街逛累了，若想簡單用餐，也可上艾曼紐二世走廊Spizzico 2樓的Ciao自助餐廳。它就在米蘭主教堂旁，逛累了，可就近在這裡平價用餐。

米蘭購物市集

　　傳統市集在義大利是相當重要的生活環節，因為新鮮的食材與人的互動，這才是真正的義大利生活。因此，無論是多麼現代化的米蘭，每個區域仍然保留著傳統市集。每區固定在每個禮拜的某一天，在某一條街上擺起市集來。這一天是該區的市民最期待的日子，因為啊～又可以在溫暖的陽光下，提著菜籃和熟悉的攤位購物、聊天。而這樣的市集對遊客來講，則可以便宜價格，買到道地好商品。

到底可以在傳統市集裡挖到什麼寶呢？

1.便宜服飾：有些洋裝只要15歐元就可買到。
2.飾品：髮飾、項鍊、手鍊等。
3.家用品：碗盤、咖啡壺、咖啡杯組、核桃鉗等義大利廚房中最實用的用品。
4.便宜解決一餐：蔬果及上好義大利燻肉、起司、橄欖。

Mercato dell'antiquariato sui Navigli運河區古董市集
WHEN：每個月的最後一個週日

　　每個月的最後一個週日，米蘭最有趣的運河區，沿著長長的運河(約有2公里長)，在河岸邊擺起各種古董、家具、古畫、飾品、書籍、鐘錶及生活雜貨。在這裡可以找到珍貴的古董首飾、舒適的老椅子、二手服飾、銀湯匙，還有一些早期的老電話、電扇等。早上可在此享用早午餐，傍晚可在此享受餐前酒。

Let's Go：搭地鐵2線到Porta Genova F.S.站，往Via Vigevano就可走到運河區

Venezia

威尼斯

令人神迷的水都威尼斯，充滿
神祕與浪漫的傳說，而在這水都默
默生活的威尼斯人，卻也默默地打
造出全球最知名的玻璃製品、最令
人神往的華麗面具，以及最精緻的
蕾絲製品。隱藏在漣漪不止的光影
中，是這許許多多令人愛不釋手的
「義大利製造」。

威尼斯購物地圖

Calle Larga de L'ascension & Salizader S. Moise

聖馬可廣場上的旅遊服務中心後側，所有高級精品店都集中在這區，像是LV、Gucci等。

前往方式：由聖馬可廣場往旅遊服務中心後面走即可看到各家精品店

時鐘塔後側到高岸橋間

聖馬可廣場上的時鐘塔後側，往高岸橋的街區，像是Marzaria S. Zulian街有許多中上價位的商店，如Furla、Replay、Diesel、Max Mara等。

▶ 威尼斯45分鐘快速購

雖然威尼斯的路比較複雜，不過聖馬可廣場周圍就有許多紀念品店，而且威尼斯的購物特色鮮明，玻璃製品及面具是最具特色的買物。只要往聖馬可教堂正對面的拱門後面走，就是精品店雲集的街區。而廣場的騎樓下，則有許多威尼斯紀念品店。一般旅遊團的行程中，威尼斯安排的時間較長一點，通常也會到高岸橋看看，這座橋下就是威尼斯最熱鬧的菜市場，許多較地區性及較為便宜的紀念品都可在此挖到。

❶ 蕾絲製品及面具、皮製品店
❷ Prada
❸ Gucci、Channel、Dior、LV
❹ 郵局提款機
❺ 街頭藝術家畫作
❻ 匯兌處，也是市區退稅處
❼ 高級玻璃藝術品
❽ 高岸橋上可找到各種玻璃製品及蕾絲製品店，橋下有許多平價的面具及蔬果、乾貨
❾ 這些巷道內可找到各式玻璃製品，例如百花鑲玻璃手錶、髮夾
❿ 藥妝(蕾莉歐)、香水店
⓫ 玻璃紀念品店
⓬ 威尼斯紀念T-Shirt攤販
⓭ Florian老咖啡館，售有自調咖啡豆及自製甜品(巧克力等)

威尼斯購物去

特·色·商·店

Ca' Macana面具工坊

Special：面具
Where：學院美術館附近
Credit Card：YES
Website：www.camacana.com

地址：Dorsoduro 3172
電話：(041)2776-142

《大開眼界》電影拍
攝面具的同系列作品

「Ca' Macana面具工坊」
是威尼斯最古老的面具工作
室之一，早從1980年代就開
始製作面具，目前仍是依照
傳統方法製作。1999年《大開眼界》(由湯姆克魯斯與妮可基嫚合演)這
部電影中的面具，全部都是採用這家工坊所製作的面具拍攝。因此店內
不光只是販售面具，還展出電影所採用的各種面具，另也開放遊客預約
參觀工坊及親手做面具。

威尼斯面具
各種紙製或皮製面具都是威尼
斯最美麗的代表。

玻璃花瓶、香水瓶
花瓶這算是最好發揮的玻璃製
品，因此有許多很有藝術價值
的創作。小巧精緻的香水瓶，
是送給淑女們的最佳伴手禮。

do.moghi玻璃藝坊

Special：玻璃盤及燈飾
Where：高岸橋附近
Credit Card：YES
Website：www.domaghi.com

地址：Cannaregio 5621
電話：(041)5208-535
時間：09:30～13:30，14:30～19:30

1989年開業至今，獨特的設
計，在威尼斯街頭林立的玻璃藝
品中，益顯搶眼。do.moghi目前
在威尼斯已有3家店面，包括最
近剛開設的玻璃飾品店。產品中
有可愛甜美風格，也有簡單俐落
的現代感設計，包括盤子、燈飾、小飾品，因此相當受遊客喜愛。對面
的飾品店裡除了玻璃項鍊、手環外，還有以玻璃藝品裝飾的皮件。

玻璃項鍊、手鍊
想花小錢買玻璃製品嗎？這是
最佳選擇。

玻璃杯
除了實用的杯
子外，還有許多裝飾用的婚禮
杯，相當值得收藏。

認識 ▶ 威尼斯面具Maschere

自1268年以來，面具在威尼斯人的生活中就占著非常重要的地位。有人戴上面具躲避仇人，也有人戴上面具私會情人，因此中世紀時官方還一度下令禁止戴面具。一直到1798年轉為奧地利政府統治後，將威尼斯嘉年華會(Carnivale)推到最高峰，讓它再度成為社交場合中的重要娛樂。

嘉年華會「Carnivale」的意思其實就是「Goodbye, Meat.」，因為嘉年華會舉辦的時間是耶穌復活齋月的前40天，狂歡之後，便開始進入齋戒日了。因此嘉年華會就是大夥一起盡情歡樂的日子，任由威尼斯人戴上面具，讓平民變國王，國王變落魄公子，盡情狂歡。

然而，到了19世紀，隨著威尼斯政治的轉變，嘉年華會盛況不再，威尼斯面具也跟著日漸衰微，甚至失傳。一直到1977年才又恢復嘉年華會的傳統，慢慢的找回當時製作面具的手工藝術。

21世紀的現在，除了短暫的威尼斯嘉年華會或派對之外，威尼斯面具已轉為一種藝術收藏，在製作面具的手工藝術方面，仍是不斷精益求精。因此我們可在威尼斯的各角落，找尋到自己心所屬意的面具。

一般來講，威尼斯傳統面具可用皮革或紙糊(Papier-Mâché)方式製作，紙製面具較輕，樣式也較為簡單，不過每種樣式仍有其特定的象徵意義。現在的面具在線條及裝飾上則較為繁複，選擇性可說是越來越多。除了大型面具之外，也為觀光客製作了不少小型面具。

圖片提供／許志忠

認識 ▶ 威尼斯玻璃

11世紀德國發明了製造平面玻璃的技術。也就是將玻璃吹成球狀後，塑成圓筒型，然後趁熱將玻璃攤平。13世紀時第4次十字軍東征，迫使許多君士坦丁堡的玻璃藝匠逃亡到威尼斯，當他們落腳義大利後，致力將這樣的技術加以改良，讓玻璃技藝更上一層樓。當時威尼斯城內充斥著玻璃工坊，為了防止火災，政府決定將玻璃工坊全部移往威尼斯的穆拉諾島(Murano)。14世紀的威尼斯，儼然已經成為歐洲玻璃製造中心。15世紀時，奧圖曼侵占君士坦丁堡，更多的玻璃藝匠來到威尼斯。16世紀時威尼斯玻璃藝術達到最盛期，許多精緻的玻璃餐具、器皿都是產自威尼斯，深遠地影響著其他歐洲國家的玻璃藝術。

威尼斯玻璃是以高溫將玻璃燒成液狀，在它成為固體之前，開始塑形。威尼斯玻璃主要為吹製玻璃，因此可以吹製出不同造型的玻璃藝品。威尼斯玻璃也特地加入金屬的成分，讓水晶玻璃更加堅固，即使摔下來，也不容易破碎。若想收藏的話，可考慮產量越來越少的老師傅作品及吹製技巧、圖案較特別的玻璃品。

為了保證威尼斯玻璃製品的品質，穆拉諾開始推行品質保證標籤，只要有貼上「Vetro Artistico MURANO」的標章，就表示這項商品是在穆拉諾島上，依照穆拉諾的傳統玻璃藝術方法所製作的。

威尼斯
購物清單

水果軟糖
以新鮮水果製作的天然水果軟糖。

蕾絲製品
Burano小島老奶奶一針一線織製的蕾絲製品，包括童鞋、桌巾、傘等。

彩色義大利麵
波光粼粼的威尼斯，製作了許多彩色且奇形怪狀的義大利麵。

玻璃檯燈
精緻的玻璃檯燈，是時時提醒威尼斯美麗回憶的最佳紀念品。

氣泡酒及 Bellini調酒
Prosecco氣泡酒及威尼斯特產的水蜜桃調酒Bellini，都是威尼斯地區的特產。

La Murrina威尼斯玻璃

Special：百花鑲設計
Where：聖馬可廣場附近
Credit Card：YES
Website：www.lamurrina.com

米蘭 / 地址：Via Monte Napoleone, 18　電話：(02)781-426
威尼斯本島 / 地址：Fondamenta Riva Longa, 17　電話：(041)5274-605
穆拉諾島 / 地址：Fondamenta Cavour, 17　電話：(041)739-255

　　威尼斯玻璃中，在國際間最爲著名的當然是「La Murrina」。La Murrina多年來一直堅持以純手工吹製玻璃，並結合一些現代技術，將每件作品的色彩、光澤與透明度，處理得恰到好處。La Murrina最著名的仍然是那美輪美奐的威尼斯玻璃吊燈，在許多豪華旅館、郵輪大廳，均可看到她華麗的發光。而除了經典威尼斯風格外，近年也可看到許多充滿玻璃線條律動的活性現代設計品。

推薦 ▶ 逛逛威尼斯玻璃藝術

Murano玻璃島

預約：若要參觀威尼斯玻璃工坊，可請旅館代訂，有些工坊提供去程免費快艇接駁服務
交通：可由San Marco前的公船站搭41或42號前往

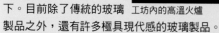

　　15世紀吹製玻璃的技術開始在穆拉諾島蓬勃發展，讓這潟湖小島名聞天下。目前除了傳統的玻璃 工坊內的高溫火爐
製品之外，還有許多極具現代感的玻璃製品。

　　威尼斯的許多旅館和穆拉諾(Murano)島上的玻璃工坊合作，可免費搭乘他們的快艇前往穆拉諾島，安排參觀玻璃工坊、介紹玻璃製造過程，當然，最終目的是希望客人購買玻璃製品。買不

買，倒是不勉強，因此大可請旅館代為安排，參觀完工坊後，遊覽小島，之後再自行搭公船回本島。

精心手工彩繪玻璃

iMuseo Vetrario玻璃島

地址：Fondamenta Giustinian 8, Murano
電話：(041)739-586
時間：冬季10:00～17:00，夏季10:00～18:00
休息：週二、12/25、1/1、5/1
票價：5.5歐元，優惠票3歐元，持威尼斯博物館通行證免費
網址：www.museicivicivenziani.it
交通：搭乘前往Murano島的公船(Vaporetto)41或42號，到Museo站下船

　　1861年設立的玻璃博物館，坐落在一座17世紀的老宅邸，這裡收藏了義大利各時期最重要的玻璃藝術品，以及玻璃吹製用具與發展過程，1～3世紀的羅馬時代藝術品，以及15世紀以後至今的重要作品。其中還包括玻璃製的大餐桌與18世紀各種玻璃製的生活用品、巴洛克風格的玻璃飾品等。看完室內展覽後，也別忘了逛逛戶外的美麗庭園。除了義大利玻璃藝術家的作品之外，還包括許多美國及英國知名玻璃創作。以玻璃藝術展來講，可說是全球最重要的博物館。

餐·廳·推·薦

Al Diporto小餐館

地址：Calle Cengio 25-27, S. Elena
電話：(041)5285-978
時間：12:00～14:30，19:00～21:30
休息：週一休息

小蝦玉米泥

Biennale公園再過去的安靜小島，有一家當地人喜歡前往享受美食的小餐館。這裡有許多道地的威尼斯美食，像是小蝦玉米泥(Schie con Polenta)，不過最推薦的還是它大分量的淡菜(Cozze)及炸海鮮(Frittura mista)，點一盤絕對夠多人共享。義大利麵則推薦招牌菜—Spaghetti al Diporto(海鮮義大利麵)。另外，他們自己做的甜點也相當可口，記得留點位置給甜點。

大分量的淡菜

Trattoria S. Toma

地址：S. Polo 2864/A
電話：(041)5238-819
網址：www.trattoriasantoma.com
交通：S. Toma站

由S. Toma船站步行約5分鐘路程的S. Toma餐廳，位於一個安靜的小廣場上。內部裝潢溫馨優雅，夏夜還可坐在廣場上用餐，常有街頭藝人在此演奏美妙的樂音，讓客人一面用餐，一面浪漫享受威尼斯夜。餐點方面當然以威尼斯特長的海鮮料理為主，如墨魚麵(Spaghetti al nero di sepia)及炸海鮮都是遊客必嘗的經典菜餚。

歐洲第一家咖啡館Caffe Florian，就位於聖馬可廣場上。

貢多拉(Gondola)可說是水都威尼斯的象徵,從極盡奢華、精刻細琢的貢多拉船,就可以看出當年威尼斯商人雄霸一方的奢華生活。搭乘貢多拉,儼然已成為遊客窺視威尼斯風華的最佳方式。

威尼斯是由一座座小島組成的城市,因此小水巷遍布市區各地,在各區都可找到貢多拉搭乘處。通常一趟是40分鐘,價位約80歐元,最多可乘坐6位遊客,每超過20分鐘,多加40歐元;夜間遊船(19:00～08:00)40分鐘100歐元。網址:www.gondolavenezia.it。

Noveneta di Piave Designer Outlet

地址:Via Marco Polo 1, Noventa di Piave(VE)
電話:(0421)5741
時間:週一～六10:00～20:00
網址:www.mcarthurglen.com/it/noventa-di-piave-designer-outlet
交通:從威尼斯Santa Lucia火車站搭車到Jesolo/San Dona站,轉搭 21 號公車到 Veneto Designer Outlet。每天也有多班往返火車站的接駁巴士

威尼斯郊區現也開了一家大型Outlet,與羅馬及波隆納Barberino同集團。除了最近因日劇播出而在亞洲爆紅的Duvetica之外,還有:Marni、BV、Prada、Fendi、Armani、Sergio Rossi、Frette、Geox、Miss Sixty、Pinko、Bialetti等義大利知名品牌。

威尼斯購物市集

Mercato di Rialto高岸市集

WHEN:週一～六07:00～13:30

位於大運河畔的高岸市場,自1097年搬到高岸橋畔後,成為威尼斯最熱鬧的蔬果、魚市場,同時也充斥著各種紀念品店。要買威尼斯的紀念品到這裡就對了。菜市場後面的河岸邊有幾家不錯的小酒館,許多義大利人喜歡傍晚時到這裡喝杯小酒,吃點威尼斯當地的下酒菜,輕鬆地在晚霞中度過下班後的悠閒時光。

Let's Go:在公船站搭1號、52號到Rialto站,或由聖馬可廣場步行約10分鐘

Hotels

住宿好選擇

分級制度

旅館門口會清楚標上該旅館的星級

旅館(Albergo)
旅館以1～5顆星區分等級。

民宿(Pensione／B&B)
大多為家庭經營，等同旅館的1～3星級，感覺溫馨。

公寓出租(Appartmento)
多人可一起租度假公寓，通常可自炊，分攤下來比旅館便宜，不過有些會要求至少租2～3晚或1星期以上。

青年旅館(Ostello)
最便宜的選擇，通常是好幾個人同一間房間，大部分青年旅館也有雙人、三人或家庭房。

淡旺季

義大利旺季一般是暑假、冬天的聖誕與元旦、春天的復活節假期。但大都市與郊區的淡旺季又不一樣，一般人夏季都往郊區度假，因此夏季(7～8月)城內的旅館是淡季價錢，9月以後才是旺季價錢。米蘭的淡旺季較特殊，是以米蘭商展來看，譬如說4月份的家具展為期10天，那麼4月份的那10天就是旺季價錢，其他日期則為淡季價錢。

機場或火車站會有這樣的住宿預訂中心，只要告訴服務人員自己的需求，就會幫你尋找適合的旅館

INFORMATION
網路訂房小提醒

每家網路訂房中心的價位不一，建議多到不同網站比價。建議可以在網路訂房中心找到適合的旅館後，再到該旅館的官方網站查詢價錢，有些旅館自己推出的特惠價反而比較便宜。

現在義大利各城市也開始推行遊客稅，大部分城市每人每晚收取1歐元的遊客稅，有些城市則依星級收取，如3星級旅館每人收取3歐元遊客稅，最高收取6天的稅。

實用訂房網站

住宿好選擇

全球訂房比價網
網址：www.hotelscombined.com
會自動將各訂房網站的價格列表顯示，方便消費者連結到最便宜的網站訂房。其他網站還包括Agoda、Hotels.com、Booking.com、易遊網、易飛網等。

平價商務旅館
網址：www.ibishotel.com
這是全球熱門的平價商務旅館，義大利許多城市都設有據點，其他類似連鎖旅館包括Idea、NH、B&B Hotels。

青年旅館預約網站
網址：www. hostelbookers.com
全球各大城市的便宜旅館都可在此找到。只要選擇城市，就會列出所有便宜旅館及青年旅館。另外一個好處是不需預約費，且還可參考旅客評比。

最後一分鐘訂房網站
網址：www.LateRooms.it
是英國網站，涵蓋義大利各城市的旅館。折扣較多，由於是Last Minute，所以接受當天訂房。

歐洲便宜旅館訂房網站
網址：www.bugeurope.com
　　　www.hostelz.com
列出平價旅館，相當適合不想在住宿花太多錢的自助旅行者。

旅館評比、比價網站
網址：www.tripadvisor.com
輸入旅館名稱或搜尋城市住宿，查看網友對各旅館的評價。這個網站也會列出該旅館的合作訂房網站，可進行比價。

INFORMATION
入住旅館注意事項

1. 不宜穿著睡衣之類的服裝出現在旅館公共空間，像是大廳、餐廳等。
2. 義大利的浴室地板並沒有出水孔，**淋浴時請務必將浴簾或浴門拉上**，以免水濺到地板上，發生小水災，損壞房間地毯。
3. 浴室內有兩個類似馬桶的物品，有蓋的是馬桶，無蓋的是下身盆。
4. 一般入房時間為13:00～14:00，退房時間為10:00～12:00。**超過退房時間會再收取1個晚上的費用**。退房後可將行李寄放在旅館，稍後再回來拿取。
5. 加床需額外加費。
6. 3星級以下旅館，最好自行攜帶個人盥洗用品及吹風機。
7. 冬天室內都有暖氣，因此義大利人並不使用大棉被，一般都只有毯子，如果覺得冷，可向櫃檯多要毯子或調整暖氣溫度。
8. 除青年旅館及民宿外，早上出門前可放1歐元小費在枕頭上給房間清潔人員。行李搬運小費也可給1歐元。
9. 並不是所有旅館都附免費早餐，預訂時請事先詢問清楚。義大利旅館早餐，除非是4星級以上旅館，否則都相當簡單，不要有太多期待(大都只提供咖啡跟麵包而已)。

羅馬住宿

　　羅馬特米尼火車站左右兩側聚集相當多平價旅館及商務旅館，雖然附近較亂，但行李多且旅遊預算有限者，還是可以考慮住在這區；波爾各塞美術館附近較多優雅的中、高級旅館；西班牙廣場區參觀景點最方便，但價格也較昂貴；梵蒂岡附近環境安全，公共空間也較寬敞，推薦投宿此區(由特米尼火車站搭地鐵約7分鐘)；越台伯河區及奧林匹克體育館附近則有較具特色的旅館及商務旅館，不過離市區較遠。

St Regis Grand Hotel頂級豪華旅館

地址：Via Vittorio Emanuele Orlando, 3
電話：(06)470-91
價格：450歐元起
網址：stregisgrand.hotelinroma.com
交通：搭地鐵1線到Repubblica站，步行約2分鐘，或由
　　　Termini火車站步行約7分鐘

　　這是羅馬最老牌的頂級旅館，位於火車站與西班牙廣場之間。創立於1894年，羅馬第一座電梯、第一座舞廳都在此，它同時也是各國使節、代表來訪羅馬時，最常下榻的旅館，因此這家旅館還特別設有私人出入通道。

　　內部的裝潢，真有如住在歐洲典雅的博物館建築中，大廳的水晶燈、古木裝潢，典雅的房間擺設、寬敞舒適的布置，讓每位下榻於此的客人，都能體驗到最頂級的歐洲貴族待遇。

Bed & Breakfast Bio有機民宿

地址：Via Cavalese 28
電話：(328)6219-484
價格：雙人房50～80歐元
網址：www.bedandbreakfastbio.com
交通：可到火車站或機場接機；由機場搭計程車約40歐元。搭
　　　地鐵A線往Battistini方向，到Cornelia站下車，轉巴士
　　　446在Via Cortina d'Ampezzo街的Cavalese站下車

　　由於老闆Michele及Barbara經營一家有機商店，因此有了開設一家有機民宿的想法。民宿的所有產品都採用有機商品，不只是豐富的早餐食品、水果而已，就連牆壁的油漆、被子、盥洗用品等，都是有機產品。此外，這裡所有的布置、設計都是由Michele夫婦倆一手打造的，呈現出溫馨的氛圍，讓人在他鄉還找到一個溫暖的家。

住宿好選擇

佛羅倫斯住宿

平價商務旅館多在火車站與聖羅倫佐教堂附近，市區旅館較貴，高級旅館聚集在亞諾河邊。Via Cavour街上可找到一些中價位旅館(這裡較靠近主教堂)。

Hotel Rapallo

地址：Via S. Caterina d' Alessandria 7
電話：(055)472-412
價格：70歐元起，越早訂越便宜
網址：www.hotelrapallofirenze.it
交通：由火車站搭計程車約5分鐘車程，步行約15～20分鐘

這家內部高雅的3星級旅館，就位於距離中央市場不遠處的大公園旁。這區環境較為安靜，步行到市區各大景點也算便利。2012年4月重新整修過後，讓內部設備的舒適度更加升級了。

Hotel Calzaiuoli

地址：Via Calzaiuoli,6
電話：(055)212-456
價格：130歐元起
網址：www.calzaiuoli.it
交通：由火車站搭計程車約5分鐘，步行約15分鐘

位於佛羅倫斯購物街上的4星級旅館，距離百貨商場、主教堂跟領主廣場都在幾分鐘的路程內，可說是購物者的最佳住宿選擇。房間布置呈現出佛羅倫斯獨特的藝術氣質。

威尼斯佳宿

平價旅館多位在火車站附近，聖馬可廣場附近及大運河畔多為高級旅館。聖馬可廣場對面的小島設有YHA青年旅館。威尼斯城外的Mestre，旅館較威尼斯城便宜且現代化，威尼斯嘉年華會期間可考慮訂這區的旅館。

Hotel Paganelli中級旅館

地址：Castello 4182 San Zaccaria Riva degli Schiavoni
電話：(041)5224-324
價格：單人房155歐元起，雙人房195歐元起
網址：www.hotelpaganelli.it
交通：公船站San Zaccaria，由聖馬可廣場步行約5分鐘

聖馬可廣場附近的老旅館相當用心經營，旅館就面向威尼斯大海，因此景色與位置都相當好，房間布置也很雅致，整體老家具風格一致，呈現出清雅的感覺。

Ca Dogaressa

地址：Fond. di Cannaregio, 1018
電話：(041)2759-441
網址：www.adogaressa.com
交通：由火車站前搭42及52號公船到Guliie
站，或出火車站左轉直走約7分鐘，過第一座
橋馬上左轉，再直走約150公尺，就在咖啡
館旁

　　這家3星級旅館就位於市區安靜的水道邊，非常典型的威尼斯地景，且距離火車站僅約10～15分鐘路程。內部布置善用威尼斯玻璃燈及散發維蕾多地區纖細美感的木質老家具，優美不已。此外，服務人員也很親切，入住這家精緻旅館，可真是完全的威尼斯浪漫體驗啊！

米蘭住宿

　　米蘭火車站到布宜諾艾利斯大道之間有許多平價及商務旅館，主教堂附近則多為4～5星級旅館，小巷道內也可找到一些2～3星級旅館。

Hotel Buenos Aries

地址：Corso Buenos Aires 26
電話：(02)2940-0169
價格：125～195歐元(週末96歐元)
信用卡：Yes
網址：www.hotelbuenosaires-milan.com
交通：搭地鐵1線到Porta Venezia站，沿布
　　　宜諾艾利斯大道直走，步行約3分鐘

　　位於米蘭主要購物街道布宜諾艾利斯大道上，一出旅館門口，就是熱鬧的購物街，馬上可以感受到令人血脈賁張的購物力。內部設備完善，雖然房間不是特別大，但是整體布置感覺相當溫馨，服務人員的態度也很親切。地點方面，距離主要觀光景點及火車站都不遠，且位於地鐵站附近，因此交通相當便利。不過由於地點及旅館品質都不錯，且屬於中價位旅館，因此這家旅館相當熱門，尤其是商展期間，最好提前幾個星期預約喔！

Ambasciatori Hotel

地址：Galleria del Corso, 3
電話：(02)7602-0241
價格：250歐元起
網址：ambasciatorihotel.it
交通：地鐵站Duomo或S. Babila站步行約5分鐘

　　位於米蘭最熱鬧的購物街區，主教堂、百貨公司及各品牌名店都在咫尺之內，當然是購物者的最佳選擇。內部設計在現代中，帶出義大利的傳統藝術風格。附近還有家大型的連鎖旅館StarHotels Rosa Grand(rosagrand.starhotels.com)，也是不錯的選擇。

實用義大利語

單字發音

　　義大利文基本上是每個字母都發音，因此只要記住每個字母的發音及一些特殊的連音節，基本上就可以看字讀義大利文了。義大利文字母共有21個，英文字母中的j、k、w、x、y如果出現在義大利文中，算是外來語，h不發音。

a(a)	b(bi)	c(ci)	d(di)	e(e)
f(effe)	g(gi)	h(acca)	i(i)	l(elle)
m(emme)	n(enne)	o(o)	p(pi)	q(cu)
r(erre捲舌音)	s(esse)	t(ti) u(u)	v(vu)	z(zeta)
j(gi)	k(cappa)	w(doppia vu)	x(iks)	y(ipsilon)

特殊連音

- ci跟ce像英文的「chi」、「che」。
- 在cia、cio、ciu 中「i」不發音，所以聽起來有點像「cha」、「cho」、「chu」。
- chi跟che像英文的「k」。
- gi跟ge像英文「Jump」中的「j」。在gia、gio、giu中「i」不發音，所以有點像「ja」、「jo」、「ju」。
- ghi跟ghe像「gay」中的「g」。
- gn像「onion」中的「ni」。
- gli像「billion」中的「lli」。
- z像「dz」或「tz」。

日常會話

數字(Numero)

1 / Uno	2 / Due	3 / Tre	4 / Quattro	5 / Cinque
6 / Sei	7 / Sette	8 / Otto	9 / Nove	10 / Dieci

星期(Settimana)

星期 / Settimana	星期一 / Lunedi	星期二 / Martedi	星期三 / Mercoledi
星期四 / Giovedi	星期五 / Venerdi	星期六 / Sabato	星期日 / Domenica

月份(Mese)

一月 / Gennaio	二月 / Febbraio	三月 / Marzo	四月 / Aprile
五月 / Maggio	六月 / Giugno	七月 / Luglio	八月 / Agosto
九月 / Settembre	十月 / Ottobre	十一月 / Novembre	十二月 / Dicembre

時間(Tempo)

今天 / Oggi	昨天 / Ieri	明天 / Domani
平常日 / Feriale	假日 / Festivo	延遲 / In ritardo

問候、禮貌性詢問

中文	義大利文
嗨，再見	Ciao
日安 / 晚上好 / 晚安(睡覺前用)	Buongiorno / buonasera / buonanotte
再見 / (敬語)	Arrivederci / Arrivederla
你好嗎？ / (正式敬語)	Come stai？ / Come sta？
對不起，不好意思(excuse me)(敬語) / (非敬語)	Scusi / scusa
謝謝	Grazie
不客氣，請	Prego
請 / 拜託	Per favore / per piacere
很高興認識你(nice to meet you)	Piacere
是 / 不是	Si / no
先生 / 太太 / 小姐(Mr. / Mrs. / Ms.)	Signore / Signora / Signorina
你會說英文嗎？	Parla Inglese？

購物用語

中文	義大利文
我想要買這個。	Vorrei comprare questo.
我可以試穿嗎？	Posso provare?
請問試穿室在哪裡?	Dov'e' il camerino?
這個多少錢?	Quando costa?
有折扣嗎?	C'e' lo sconto?
有小 / 大一點的尺寸嗎?	C'e' una misura piu' piccolo / grande?
請問有別的顏色嗎?	Ci sono altri colori?
可以退稅嗎?	Si pu fare tax free?
可以幫我包裝嗎?	Mi puo' fare un pacchetto regalo?
請問退稅櫃檯在哪裡?	Dov'e' lo sportello tax free per favore?
我要信用卡退稅。	Vorrei il rimborso su carta di credito.
我要現金退稅。	Vorrei il rimborso in contanti.
咖啡機	Macchina del caffe
摩卡壺	Moka
化妝品	Cosmetici
有機商品	Biologico/Bio
香水	Profumi
卸妝乳液	Struccante
洗面乳	Detergente per viso
身體乳液 / 手乳液	Crema corpo / Crema mani
化妝水	Tonico
眼霜	Crema contorno occhi
夜霜 / 日霜	Crema notte / Crema giorno
香皂	Sapone
沐浴乳	Bagno schiuma
洗髮乳 / 潤髮乳	Shampoo / Balsamo
精油	Olio essenziale

1 Mantella披肩
2 Giacca外套
3 Cintura皮帶
4 Pantaloni長褲
5 Scarpe皮鞋
　Sandalo涼鞋
　Stivali靴子
6 Cappello帽子
7 Sciarpa圍巾
8 Vestito洋裝
　Gonna裙子
9 Leggins緊身褲

1 Berretto鴨舌帽　　4 Scarpe皮鞋
2 Giacca外套　　　　5 Camicia襯衫
3 Cravatta領帶　　　6 Cappello帽子

步行義大利說明

菸酒雜貨店
Tabacchi

餐廳
ristorante

咖啡館
Bar / Caffe'

計程車
Taxi

公園
giardino pubblico

林蔭大道
Viale

地下鐵
Metropolitana

噴泉
Fontana

巴士站牌
fermata dell'
autobus

旅遊服務中心
ufficio informazioni

大道
Corso

廣場
Piazza

左轉
girare a sinistra

右轉
girare a destra

郵局
uffico postale

教堂
chiesa

直走
andare diritto

現在所在地
siamo qui

大型商場
grande magazzino

旅館
albergo

醫院
ospedale

如果害怕語言不通、Body Language沒用，可帶一本《指指點點玩義大利》(太雅出版社)，翻開書裡的圖片或字句，直接手指點下去，包你一路瞎拼暢快。

救命小紙條 你可將下表影印，以中、英文填寫，並妥善保管隨身攜帶

個人緊急聯絡卡
Personal Emergency Contact Information

姓名Name：

年齡Age：

血型Blood Type：

宿疾Exiting Physical Problems：

過敏藥物Medicine that Causes Allergy：

護照號碼Passport No：

信用卡號碼：

台灣、海外掛失電話：

旅行支票號碼：

台灣、海外掛失電話：

航空公司台灣、海外電話：

緊急聯絡人Emergency Contact (1)：

聯絡電話Tel：

緊急聯絡人Emergency Contact (2)：

聯絡電話Tel：

台灣地址Home Add：

投宿旅館：

旅館電話：

其他備註：

義大利重要電話號碼
醫療急救 118 / 報警 113、112 / 消防 115 / 歐洲緊急救助 112

駐義大利台北辦事處
電話：06 8841 132
行動電話：338 1418 946 / 340 2802 638 / 338 3173 317
外交部海外急難救助免付費電話：00 800 0885 0885

這次購買的書名是：

開始到義大利買名牌 最新版 (So Easy 52)

* **01** 姓名：＿＿＿＿＿＿＿＿＿＿ 性別：□男 □女 生日：民國＿＿＿＿年

* **02** 您的電話：＿＿＿＿＿＿＿＿＿＿＿＿＿＿＿＿＿

* **03** E-Mail：＿＿＿＿＿＿＿＿＿＿＿＿＿＿＿＿＿

* **04** 地址：□□□□＿＿＿＿＿＿＿＿＿＿＿＿＿＿＿＿

05 您的旅行習慣是怎樣的：
- □跟團　　□機＋酒自由行　　□完全自助　　□旅居
- □短期遊學　□打工度假

06 通常在一趟旅行中，您的購物預算是多少(新台幣)：
- □10,000以下　　□10,000～30,000　　□30,000～100,000　　□100,000以上

07 您通常跟怎樣的旅伴一起旅行：
- □父母　　□另一半　　□朋友2人行　　□跟團
- □親子　　□自己一個　□朋友3～5人

07 在旅行過程中最讓你困擾的是：
- □迷路　　□住宿　　□餐飲　　□買伴手禮
- □行程規畫　□語言障礙　□突發意外

09 您需要怎樣的旅館資訊：
- □星級旅館　　□商務旅館　　□一般旅館　　□民宿
- □青年旅館　　□搭配機票套裝行程的旅館

10 您認為本書哪些資訊重要：(請選出前三項，用1、2、3表示)
- □行程規畫　　□景點　　□住宿　　□購物逛街
- □餐飲　　□貼心提醒　□地圖　□教戰守則

11 如果您是智慧型手機或平板電腦的使用者，會購買旅遊電子書嗎？
- □會　　□不會

12 如果您使用旅遊電子書，您最期待哪些功能呢？(請選出前三項，用1、2、3表示)
- □地圖　　□GPS定位　　□交通　　□住宿
- □美食　　□景點　　□購物　□其他＿＿＿＿＿＿

13 若你有使用過電子書或是官方網路提供下載之數位資訊，真正使用經驗及習慣？
- □隨身攜帶很方便且實用　　□國外上網不方便，無法取得資訊
- □電子工具螢幕太小，不方便閱讀　□其他＿＿＿＿＿＿

14 計畫旅行前，您通常會購買多少本參考書：＿＿＿＿＿＿＿＿本

15 您最常參考的旅遊網站、或是蒐集資訊的來源是：

＿＿＿＿＿＿＿＿＿＿＿＿＿＿＿＿＿＿＿＿＿＿＿＿＿

16 您習慣向哪個旅行社預訂行程、機票、住宿、或其他旅遊相關票券？

＿＿＿＿＿＿＿＿＿＿＿＿＿＿＿＿＿＿＿＿＿＿＿＿＿

17 您會建議本書的哪個部分，需要再改進會更好？為什麼？

＿＿＿＿＿＿＿＿＿＿＿＿＿＿＿＿＿＿＿＿＿＿＿＿＿

18 您是否已經照著這本書開始操作?使用本書的心得是?有哪些建議？

＿＿＿＿＿＿＿＿＿＿＿＿＿＿＿＿＿＿＿＿＿＿＿＿＿
＿＿＿＿＿＿＿＿＿＿＿＿＿＿＿＿＿＿＿＿＿＿＿＿＿

填表日期：＿＿＿＿年＿＿＿月＿＿＿日

讀者回函

掌握最新的旅遊與學習情報，請加入太雅出版社「旅行與學習俱樂部」

很高興您選擇了太雅出版社，陪伴您一起享受旅行與學習的樂趣。只要將以下資料填妥回覆，您就是「太雅部落格」會員，將能收到最新出版的電子報訊息！

填問卷，送好書

凡填妥問卷(星號＊者，必填)，前1,000名寄回、或傳真回覆問卷讀者，即可獲得太雅出版社「布偶DIY」系列《天使娃娃與裝飾》或《農場裡的絨毛玩偶》一本。活動時間為2013/01/01～2013/12/31，寄書先後順序以郵戳為憑。

二選一，請勾選

□

□

太雅部落格

http://taiya.morningstar.com.tw

| 廣 告 回 信 |
| 台灣北區郵政管理局登記證 |
| 北 台 字 第 1 2 8 9 6 號 |
| 免 貼 郵 票 |

太雅出版社　　編輯部收

台北郵政53-1291號信箱
電話：(02)2836-0755
傳真：**(02)2831-8057**
(若用傳真回覆，請先放大影印再傳真，謝謝！)

太雅部落格 http://taiya.morningstar.com.tw

有 行 動 力 的 旅 行 ， 從 太 雅 出 版 社 開 始